发现孩子内在的潜能

[美] 凯瑟琳·扎克安　著

漆仰平　译

人民东方出版传媒
People's Oriental Publishing & Media
東方出版社
The Oriental Press

图书在版编目（CIP）数据

发现孩子内在的潜能 /（美）凯瑟琳·扎克安著；
漆仰平译．— 北京：东方出版社，2023.9
书名原文：Raising Gifted Children
ISBN 978-7-5207-3382-3

Ⅰ．①发… Ⅱ．①凯… ②漆… Ⅲ．①儿童心理学
Ⅳ．① B844.1

中国国家版本馆 CIP 数据核字（2023）第 046702 号

发现孩子内在的潜能

（FAXIAN HAIZI NEIZAI DE QIANNENG）

作　　者：[美] 凯瑟琳·扎克安
译　　者：漆仰平
责任编辑：张　旭
出　　版：东方出版社
发　　行：人民东方出版传媒有限公司
地　　址：北京市东城区朝阳门内大街 166 号
邮　　编：100010
印　　刷：大厂回族自治县德诚印务有限公司
版　　次：2023 年 9 月第 1 版
印　　次：2023 年 9 月北京第 1 次印刷
开　　本：880 毫米 × 1230 毫米　1/32
印　　张：6.75
字　　数：112 千字
书　　号：ISBN 978-7-5207-3382-3
定　　价：48.00 元
发行电话：（010）85924663　85924644　85924641

如果我们想在某些方面改变自己的孩子，

则应当首先审视它，

看看它是否是父母自身中应改进的一面。

——卡尔·荣格

Preface

前 言

过去20年，我有幸在私人执业中作为咨询师和顾问为天赋异禀的孩子、超凡卓绝的孩子、双重特殊儿童①、青少年、成年人、夫妇、家庭和组织工作。我第一次决定学习咨询心理学，是在一家创意型企业做人力资源管理期间。那时，我想更深入地去了解，如何帮助那些拥有巨大天赋，在日常生活中朝气蓬勃，但（恰恰）挣扎于如何忠于想象力与自我的成年人。我自己也蛮有天赋，因此对上述挑战有切身体会。

我的研究生课题持续得到认可和高度评价，同时，研究

① 双重特殊儿童：在美国，双重特殊儿童是指智力或能力超过正常人而身心有缺陷的儿童。

人员和执业人员这两个维度的结合，让我非常适合成为一名综合临床医生。实习开始前的那个夏天，我注册了一门儿童与家庭的咨询课。许多同学计划从事与儿童相关的工作，而我没有。但在一位杰出教授的帮助下，我发现，去和孩子、家庭打交道与我的天性及技能相当契合，于是我改变了职业方向。

在长达一年的实习期内，我在一家大型区域性心理健康中心工作，该心理健康中心位于美国科罗拉多州落基山脉的美丽一隅。当时有一笔拨款，资助我和优秀的临床导师携手给那些准备为特殊孩子安排“离家安置”的家庭提供家庭治疗服务。换句话说，要不是家庭动力学带来的改变，这些家庭将在某种程度上被儿童福利机构拆散。当时形势严峻，每个家庭只有12次与我们会面的机会，以确定他们希望为自己创造什么，并制订出计划，朝着那个方向努力。我学会了迅速又富有创造性地工作，用善意的光芒消除紧张情绪。我们与这些优秀又善良的家庭一起，解决了他们所面临的挑战，激发出了他们的能量。

从那以后，我为大量有天赋的人进行了咨询，帮他们找到平静、真实与和谐。作为一名教育顾问，我为天才儿童、青少年和家长创建了有意义的社会情感和教育项目，扩大了学前教育、初等教育和中等教育工作者以及管理人员对“天才”的认知。我曾与多所公立、私立和特殊学校合作，为有天赋和神经典型的学生及教育者创造更好的环境；与一所多元化、历史悠久的幼儿园共同创建了一个开创性的幼儿园准备项目；在一个特殊高中项目中为有学习障碍、专注力差和有精神问题的学生提供帮助，帮助他们走出被边缘化、成绩欠佳、辍学的境况，走向光明的未来。

不论在哪里做顾问，我经常能发现天才或双重特殊儿童。这些孩子要么未被发现，要么被错误归类，通常被归在麻烦生那个群体里。我为这部作品感到骄傲，它为我们的社会和教育系统带来了前所未有的光明，因为我们的社会和教育系统可能没有察觉到这些孩子及其家庭，从而误解他们，最终将他们边缘化。

与天赋异禀的人进行充分而有效的工作需要大量精力，

涉猎的范围也广泛得多。我知道养育或教育天才儿童可能困难重重，但也清楚，几乎任何情况，无论多么严重，我们都可以表现得从容睿智、充满善意，可以寻求办法从优势角度去解决问题。尽管这看起来可能难以承受，但你要知道，你可以不断进行理解、反馈，使用工具，加以实践，为育儿之旅打开窗，带来阳光和新鲜空气，进而减少挑战，在培养聪明孩子的过程中获得更多乐趣。

他们让我从我的临床专业角度来写这本书，去帮助那些刚刚开始理解天才的人。我希望，在你的生命中，在你养育或服务那些有天赋的孩子时，能发现我的实际指导是有价值、有帮助的。

How to Use
This Book?

如何使用本书？

本书作为养育天才儿童的初级读本，是经过精心设计的，易于理解。本书以对“天才”的简单概述为起始；然后探究天才的特征和动力学；之后提纲挈领给出让天才儿童在家庭、学校和社会积极发展的实用方法。

在这里，我将为你提供良好的起点。在文中，我参考并引用了该领域许多优秀研究人员和实践者的文献，当你准备好进一步理解天赋时，他们会为你指明方向。

作为一名心理咨询师，我与天才打交道的方法立足于社会情感、心理健康和福祉领域。我对各种各样的声音、研究、想法和专业方法保持开放性，遵循探索精神，以上种种检验并定义了“天才”领域。而我的工作是真实可信的，也是勇于创新的。我通过自己的培训、教育和经验获得各种信息。作为一名实践者，我不会随波逐流。这种自主又发散的立场让我能够更真诚地服务于那些才华横溢、独立思考的天才儿童、青少年和成年人，为他们的健康和发展做出努力。

在阅读这本书时，建议你也这样做：我鼓励你忠于自己。拿走书中对你有用的，将没用的留下。找到你自己的方式，真诚地对待你的养育之旅。如果在阅读本书的过程中，你发现自己的育儿路径、准则和策略在实践中有所拓宽或改变，那就去拥抱变化吧。

目录

Contents

001 第一章 打开孩子的天赋密码

131 第五章 点燃动机和冲突解决

155 第六章 寻找真正的友谊

第一章 打开孩子的天赋密码

对于“如何定义天才儿童”这个问题，本章给出了不同的观点以及不同的视角，让你了解你的孩子在学校、家庭，以及相关人员眼中可能会有的样子——尽管你会发现在有些地方大家对天才知之甚少。

“天才”这个领域有太多值得探索的地方，而且其中有些概念似乎与其他理念并不一致。对有些人来说，尤其是对一些有天赋的人来说，从这里开始阅读可能会感到似是而非的负担，与对“培养有天赋的孩子”这个话题的整体兴趣脱节。如果你有这种感觉，那不妨直接跳过本章。相信当你读完本书之后再回过头来琢磨开篇这些材料时，会有所收获。

我们如何定义天赋

当你开始去理解你的天才孩子，并开始仔细查找“天才”的定义、应对办法、对话方式时，再次建议你，要明白什么是适合你们家庭的。如果孩子在学校被认定为天才，那就要考虑通过咨询或私人管理评估来扩大这一理解。在天赋和双重特殊资优方面（见第 22 页）有深刻见解的资深评估师可以在测试过程中及之后更明确地看出并理解孩子潜在的双重特殊资优指标。这样的评估可以更全面地描述孩子的学习需求、优势和挑战，从而极有可能帮助家长进行有益的早期干预，并将帮助孩子更好地进入成年。

要在这一步做足功课。这是一个价格不菲的过程，而你应该会希望与最好的评估者合作。评估者可能来自不同领域，包括教育心理学、神经心理学和临床心理学等。遗憾的是，通常不会包括太多心理训练项目，如果有的话，那就是为天赋儿童或双重特殊资优儿童准备的。因此在评估天才方面，很难找到经验丰富的从业者。

我建议你考虑以下几点：

- 评估者的经验至关重要！果断要求评估者简述他在评估天才儿童和普通儿童学习差异方面的直接经验、所受的培训和对该领域的理解。这里有几个问题要问：你和天才儿童打交道多久了？你评估过多少个天才或双重特殊资优孩子？你是如何辨别潜在双重特殊资优特质信号的？
- 寻求并联系资源。
- 不要羞于要求每个评估者解释其在理解和评估天赋、学习差异、双重特殊资优方面所受的培训及其拥有的经验。
- 在与评估者面谈时，尽可能争取包括来自教育心理学领域的实践者。
- 寻找一家只专注于天才评估、了解双重特殊资优领域的组织，而非那些天才教育咨询机构或天才辅导团体，不要找那些把评估工作外包给不具备天才专业知识的心理学家的机构。这些中介服务听上去挺有价值，但可能会带来一些问题，如降低得分、误诊、错过孩子隐性的学习或处理挑战的机会。

✦ 要明白，你可能需要去外地寻找合适的评估资源。

对于“孩子的天赋意味着什么”这个问题，社会上存在许多误解和定义，有很多强势的观点、强烈的情绪，以及各种各样的反应。我们要去思考那些相异的重要定义。作为天才孩子的父母，踏上培养天才这条路后，当你去寻求优势、与家人恰当交流、努力为孩子申辩时，通常会感到不知所措、孤立无援。要知道，你并不孤单！你所经历的，部分要归因于人们对天才本身理解的混乱。

天才是如何表现的

在对天才更大范围的理解中，存在一对长期且持续的矛盾：一种观点是，天赋及才能应该转化为高成就；另一种观点是，天赋是一种内在体验，需要全面培养才能适当发展。我们的教育体系、心理健康体系和家庭体系常常会陷入同样的争论中，不幸的是，这样会激发出错误观念，即只有成绩优异的孩子才是天才。

这只是关于天才及识别天才问题的冰山一角。在这一系统性争议的层面上，我们看到，学校努力识别并帮助天才儿童，但依然经常忽视课堂表现之外的天才儿童。有些极具天赋的孩子精神饱满，不墨守成规，不顺从权威；有些创造性极强的孩子思维发散；有些聪明的孩子认为学校里的事情毫无意义，故而不参与其中；完美主义的孩子通常用退缩或成绩不佳作为一种应对策略；双重特殊资优的孩子对待学习或处理挑战，既有确定的一面，又有不确定的一面，这可能会掩盖他们具备天赋的那部分优势；对于尚未被完全看见的多元文化中的孩子，尚未被完全听见的非母语学习的孩子，生活在被忽视、受虐待或药物成瘾家庭中的受创伤儿童，面临环境毒性或食品和营养问题等挑战的儿童也是如此。这些孩子都没能发挥自己的最高天赋。

让这个难题更为复杂的是，大多数天才儿童和天才成年人一样，他们情绪强烈、敏感，具有完美主义倾向，各方面发展不均衡。这种微妙的特征组合可能会导致家长、教育工作者从家庭、课堂和其他社会环境中感知到孩子的精神（或语言）异常、行为不当、社会情感缺陷，从而得出错误的结论。这些误解致使天才儿童在其学习、生活和发展中得不到帮助，因为他们经常被贴上错误的标签，生活在错位、被孤立、被边缘和被误解之中。

“天才”这一定义的发展进程

从本质上说，天才意味着高认知能力。然而，天才并不仅仅只有高认知能力。熟悉天才定义的多样性及其发展进程，对了解天才是非常有益的。你很有可能是孩子的主要引领者，所以在这个层面上，对天才有基础性的认知，可以帮你为感知、理解和描述天才的各方面做好准备。以下是你可能希望去探究的“天才”这一定义的来源出处，它们各有不同又令人信服。

《马兰德报告》（1972）

这是第一份关于天才教育的（美国）国家报告，是由美国教育专员西尼 P. 马兰德编写并提交给国会的。马兰德对天才的定义值得关注，因为他本质上主张特殊教育，并描述了不适合帮助这类学习者的社会情感陷阱。马兰德还在教育背景下描述了天才所在的领域。部分内容如下：

天资聪颖的儿童是指，被具备专业资格的人士所认定，凭借其突出能力可取得高效能的孩子。这些儿童需要不同的教育项目和服务，超出常规学校所提供的常规教育，以实现他们的自我价值和对社会的贡献。

高天资儿童包括那些被证明有成就的儿童或有潜在能力的儿童，由单项或几项组合起来：（综合）智能；特定学术能力；创造性思维；领导力；视觉与表演艺术力；心理运动能力。

安玛丽·罗珀（1982）

作为进步教育家的女儿，安玛丽·罗珀（和她的丈夫乔治）在密歇根州创办了美国历史最悠久的天才独立学校——罗珀学校。罗珀在对天才的定义中，强调天才的情感或内在体验："更强的意识、更高的敏感性、更强的理解力，以及将感知转化为智力和情感体验的能力。"

约瑟夫·兰祖利（1986）

约瑟夫·兰祖利，闻名世界的天才教育专家，美国康涅狄格大学教育心理学教授，他在人类和创造潜能框架内将天才概念化。他在一个模型中将天才与行为及环境联系起来，该模型由三个连锁环组成，这些连锁环包括高于平均水平的能力、创造力和执着精神。

哥伦布集团（1991）

哥伦布集团，是一个由经验丰富且有天赋的实践者、研究人员、作者和教育家组成的机构。他们提出了一个美丽的整体定义，也强调了术语“异步性”，其本质是指不均衡的发展。有关异步性的更多信息，请参阅本书第 49 页。

“天才是异步发展，在这样的发展中，高认知能力和强烈的情绪结合在一起，创造出内在的体验和意识，这些体验和意识在本质上与常态不同。这种异步性随着智力的提高而增大。天才的独特性使得他们特别脆弱，需要在养育、教育和咨询方面进行调整，以使他们获得最佳发展。”

全国天才儿童协会（2019）

全国天才儿童协会 NAGC，是一个强大的教育和倡导组织，最近修改了他们对天才的定义，强调天才学生的相对表现能力，要转变教育方式以实现潜能。该组织接着强调天才学生的多样性，并强调天才学生的需求，包括准入、干预、调节、社会情感支持、指导以及相关服务。

天才的领域

起初，许多父母和多数人一样，认为天才与学术实力有关。他们可能会把天才孩子想象成在班上名列前茅、成绩优异的优等生。虽然确实有符合这一描述的天才儿童，但高成就和学业成功远远不是天才的唯一指标和衡量标准。这里概述的天才领域源于美国现行《初中等教育法》对天才的定义，该定义最初来自《马兰德报告》。

“‘天资聪颖 / 天才’一词用于学生、儿童或青年，是指在智力、创造力、艺术或领导力等领域或特定学术领域表现出高成就能力的学生、儿童或青年，需要由学校通常无法提供的服务或活动充分发展这些能力。”

这些领域是：

- 智力
- 学术

- 创造力
- 领导力
- 艺术

在我的大学圈子里，在我的工作中，还可以看到其他领域的天才。其中三个领域是：

- 情感
- 社交或关系
- 精神

作为家长，要为孩子提供在不同领域发展兴趣与展现才能的机会。你的孩子对世界的贡献以及他的幸福，势必不属于传统教育范畴。追随并支持孩子感兴趣的事情，即使那与你的预期、与你自己或其他家人的兴趣和能力大相径庭。

基于我的专业领域，以下是我对每个天才领域的理解，以及对天才孩子在这些领域发展的一些想法。

智力

这一领域有时与学校重叠，但大多数情况下，具有智力天赋的儿童、青少年和成年人都需要深入研究特定和深远的智力兴趣领域，这些领域是他们在学校课程之外发自内心的个人兴趣，是他们想要并需要进行深度思考和探索的。

身为家长，我建议你定期开家庭会议，并持续下去。和孩子讨论他目前感兴趣的是什么，尽可能将资源和获取的材料放在一起，以支持孩子的好奇心。我建议把会议组织成松散的结构，比如幽默的研究提案交流会。孩子给出想法、需求和预算请求，你提供热巧克力，并努力对孩子的想法保持开放心态，不管他有多少宏图伟略或多么异想天开的想法。你们一起去寻找支持那些想法的方法，并设定项目安全指南。从一开始，甚至在你们坐下之前就向孩子说明，他所请求的事情并非件件可实现，但你承诺愿为他的每个想法付出你的时间去考量，而且，项目可能会推倒重来。当你确实需要重新考虑某个想法时，按照你的承诺与孩子跟进和沟通。

这未必是一项昂贵的投资，我也不建议你在设备和资源上投入过大，因为天赋异禀的孩子可能会在转向下一个兴趣领域时迅速放下上一个。例如，对古代天文学感兴趣的孩子可能会梦想去巨石阵做实地考察，而你可以借来一台望远镜，带孩子去天文台，看看纪录片，以这些事情起步。

为孩子寻找并观察导师也是帮他获得专业知识的好办

法。通过定期的现实中面对面交流或视频聊天会议，我看到了这种办法的有效性。不要犹豫，为孩子做出努力，和你认为可能有帮助的人接触。你也可以让孩子参与到寻找潜在导师的过程中，写下他想要学习和完成的简短陈述或清单，这样你就可以与潜在导师对此进行交流了。

学术

不同的天才儿童可能在不同的学术领域表现突出，比如数学或语言艺术学科。因为天才儿童有不同的学术优势、挑战、兴趣及技能，你可能还会看到他们在不同学科上的表现差异。例如，一个孩子可能在语言艺术方面表现不凡，但在数学等其他领域却表现平平。

父母可能需要对孩子的教育进行补充，以满足孩子的兴趣以及学业发展。如果能很好地配合孩子的天性和学习风格，家教是有帮助的（见第 30 页的两种学习方式）。根据我的经验，像这样的额外工作最有成效，只要它能保持趣味性，能让孩子投入其中。

创造力

这些年轻人可能成为优秀的问题解决者和创新者——有时是建设者，有时不是。他们和智力领域的天才一样，通常需要定期反馈自己的想法及兴趣，获取材料和资源。这些年轻人通常会尽力享受学校年复一年的生活，不过，这取决于项目和教育者的匹配度。

这个领域的天才可能很难识别。有这种天赋的孩子和青少年将是出色的问题解决者，而其父母或教育者可能不这样认为，他们会觉得孩子制造事端，缺乏条理，或是无法保持桌面整洁。

艺术

艺术领域包括音乐、舞蹈、设计制作和其他艺术，就像创造力一样，这种天赋可能很难被发现。没错，有些表现形式显而易见，比如一个孩子可以将画画得很好，栩栩如生；或者一个音乐少年可以完美演奏古典音乐。但也有很多孩子不那么容易被成人理解——比如，写出诗意乡村音乐歌词的孩子或从事街头艺术的青少年。试图将艺术能力与传统的才艺衡量标准进行比较，就像拿苹果和橘子进行比较一样，意义不大。这些孩子在他们感兴趣的领域进行探索、获得指导，并在指导中受益。

完美主义对这些孩子来说可能是个挑战。当孩子将自己想要创作的目标与起始阶段进行比较时，将自己的技能与他人进行不当比较时，请不要对孩子的创造力进行批判。根据我的经验，向年龄小的天才儿童展示各种创造性表达方式及技巧大有裨益，孩子可以轻松超越完美主义（我们将在第43页进一步讨论完美主义），找到自己的创造性方式，例如，和孩子讨论画家乔治亚·奥基弗和马克·罗斯科的差异，设想一下，如果一个人努力去像另一个人那样画画，会是什么样子。

努力去寻找学校的课程设置，以及美术、舞蹈、写作和音乐教师，目标是使孩子能够专注于创造性表达和创作自由；除了技术，还有过程，而不只关注技术质量、成品和作品，不是那些基于结果的指导。进入美术领域的孩子将有时间磨炼技术技法，以补充他们对这一领域的热爱。

如果你的孩子感兴趣，那就为他设立一间家庭工作室吧。不需要很大，不需要有芭蕾把杆，也不需要声学平衡，更不需要家具齐全、灯光完美——只是一个孩子知道可以做他喜欢的事情而不用担心把环境弄糟的地方。提前与孩子讨论家具和用品是有意义的（对于艺术工作室来说，有些孩子会发现可回收材料很适合创作），让孩子帮你把所有东西放在一起。理想情况是，这里不作为家庭场所，只作为孩子的工作场所。

领导力

传统上，领导力领域是为那些在学校或校外参与活动、承担责任的学生保留的。根据我的经验，有时你可以扩大这个领域的参数，包括那些倾向于支持弱者和不公的天才，尽管情况并非总是如此。如果你的孩子在这个领域表现出天赋，他将受益于你的支持及定期反馈。

让孩子接触政治人物的传记可能会有所帮助，但我要提醒你，去找真实的传记，那里有很多孩子会认同并从中受益的故事。此外，让孩子接触哲学、人生观方面的著作，特别是政治和社会学方面的书籍也会有帮助。

情感

有这份天赋的人可能非常具有同理心。他们除了自身情感体验外，有时还能感知和感受他人的情感体验。和我一起工作的一些年轻人与他人的情感是如此同步，以至于他们会陷入一种困惑，即不知哪些感受是自己的，哪些感受是别人的。在更大的范围内，这些年轻人可以深切地与社区或其周围世界的痛苦同步，有时他们希望并努力去解决那些问题。天才研究学者迈克尔·皮克维斯基这样描述：

“情感天赋表现在，在其他人不会出手相助的时候，他们愿意伸出援手，帮助他人减轻痛苦，也会去反对不公平，与不公正做斗争。”

这些年轻人可以从定期且持续的日常反馈、与他信任的成年人的交谈中受益。对于受他人情绪影响的孩子，要通过反馈性的对话帮助他意识到这一点。你也可以帮助一个有情感天赋的孩子去探索对他有意义的服务方式。

我们将在第三章讨论如何通过了解你自己的感受去帮助你的具有同理心的孩子，在那一章里，也将讨论如何对你的天才孩子进行反馈。

社交或关系

许多天才儿童在寻求交往和友谊时都会经历尴尬，经历各种社交困境（见第六章），而其他孩子通常并不这样。这些孩子有一种与生俱来的能力，他们可以发起真正的交往，并真诚地与他人成为朋友。他们经常能读懂所处环境的社会面貌，还能简明扼要地向你描述出来。

我在这个领域的实践中看到的一个挑战是，这些孩子虽然善于社交，但很内向。他们需要独处时间进行“充电”。有时候，他们更喜欢和朋友一对一的时间，而不是经常性的团体活动，即使在学校也是如此，所以他们可能需要你帮忙找到平衡。我们将在第三章详细讨论这些以及其他动态。

在这方面有天赋的儿童、青少年和成年人还可能面临一个更常见的挑战——尤其是在女孩和成年女性身上——他们能够调整自己的言行，从而与他人保持一致，很容易与他人成为朋友，并根据彼此的相似程度建立联系。当这些交往需要有天赋的人改变自己去做出适应时，会表现出本质上并非真实的他，这就可能会产生负面影响。如果你自己就是如此，那么请努力变得真实，要忠于自己，你的孩子也会照做。

精神

精神领域的天才很难狭义地去定义。这类天才未必对精神感兴趣，或者可以说是对与自然界或与整个人类的一种联系感兴趣。与我打过交道的一些孩子说过自己非同寻常的经历，比如他们与已故家庭成员之间的联系，以及许多其他现象。心理学家迪尔戴丽·拉维凯称其为“天才儿童精神方面的敏感”：

这类孩子理解精神概念的普遍性，比如宽恕他人……形成生与死的系统性哲学，或是超越宇宙、他人及自我的寻求者。

有时，这些孩子会直接和父母谈论自己的经验和想法。这些孩子能感觉到父母、其他家庭成员或朋友并没有真的在倾听他们。当这种情况发生时，有这一类天赋的孩子就可能向他人隐藏这类感觉，潜在地经历着孤独、被孤立。

对这些孩子的父母而言，最好不要带有偏见，不要心存恐惧，要承认孩子的这份天性。父母即使自身没有相同的经历或无法理解这种感觉（见第三章），也应给孩子提供一个能获得帮助和反馈的环境。

同时，父母不要把自己在这方面的信念强加给孩子。

与孩子讨论、分享固然不错，可一旦期望孩子必须以某种方式去考虑这方面的问题，亲子之间围绕这些问题的真实沟通渠道就会关闭。

天才的智商

智力测试是用来测量智力或认知能力的。一个孩子的智力测试分数代表他在综合能力和测试的各个方面的得分。天才水平是从130左右，比标准（100）高出两个标准差开始，逐渐上升到非常有天赋、极具天赋、超凡天才的范围。

在学校，通常用成绩测试和智商测试（或两者都用）来评估儿童。智商测试是对认知能力的测试，其目的与成绩测试不同，后者衡量的是学生已学过的内容。学校经常用这种方法来测试个体儿童的进步，有时也会普遍筛选是否将孩子列入天才项目，尽管并不总是这样。学校筛选通常是父母发现孩子天赋的主要方式，而成绩衡量标准通常不是用来识别天赋的，所以通过成绩不一定能确定孩子的天赋水平。

更为复杂的是，天才擅长的某些领域，比如创造力，并不能使用这类方法进行评估。这些测试经常会有遗漏，未能识别出双重特殊资优儿童，从而将他们排除在可能对其有益的天才项目之外。

英语学习者（在校使用非母语的孩子）也属于在学校评估过程中可能被忽略的人群。尽管在智力这个领域，人们在努力将可能经历不平等对待的天才儿童有效地识别出来。

虽然智商测试有助于识别和理解儿童的高认知能力，某些智商分数量化了高于平均水平的认知能力或天赋，但这些测试并不能定义天赋。天赋是更丰富的内在经验和独特的个人能力的集合。

什么是双重或多重特殊资优?

双重特殊资优意味着除了具有高认知能力的天赋外，个体在其构成中还具有第二种特殊性（或者多重特殊）。特殊是指学习、处理问题或其他相关挑战，如诵读困难、书写困难（书写障碍）、处理或整合问题障碍、自闭症、视觉处理障碍，或听觉处理问题，如中枢听觉处理障碍。身体和情感上的挑战也被认为是特殊。这些典型特殊被发现并获得有效帮助后，就会成为天才的有利条件。这样的个体以独特的方式去体验世界时，通常会带动大量创造性思维、贡献及创新。这种程度的神经多样性是惊人的，但很容易被忽视、被误解。

未被诊断出双重或多重特殊资优的儿童常在小学早期取得好成绩，因为他们的天赋在短时间内超越了课堂教学要求。然而在某种程度上，双重或多重特殊资优的孩子会在学习和学术推进中碰壁。如果这种情况发生在中学及以后，孩子就会经历没有养成学习习惯的双重困境，因为他们在早期并不需要学习。这种困境会恶化为情绪上的痛苦，以及对自我价值和自我安全的担忧。家长不必明天一大早就奔出去加倍努力培养天才孩子的传统学习习惯。在第四章，我会给出更多的背景和策略，让你知道如何激发出孩子的内在学习动机。

身为父母，要竭尽所能去观察和解决双重或多重特殊资优孩子的问题，这样的生活疲惫不堪又困难重重。这是一种苛求，因为父母可能没察觉到自己具有同样的特殊，只是学会了与之相处，从而无法看出孩子的特殊。你还需要知道自己正在寻找什么，而从哪里开始这个过程可能是个难题。

这里有个好办法：留意你的孩子在回避什么——循着蛛丝马迹看看指向何方。例如：

- 回避阅读的孩子应该去做阅读障碍评估。孩子也可能有视觉处理方面的问题，比如他的眼光不能跟随物体，或者双眼无法协同工作，就应该带他去看一下视光师。注意：相比于普通的视力检查、你自己进行的验光检查或学校筛选，这是一项不同的、更加专业的评估。
- 在嘈杂的环境中，如果孩子忽略你的口头指示，或回避，或变得焦躁不安，可带他去进行中枢听觉处理评估。注意：相比于普通的听力检查或儿科医生的检查和学校的筛查，这是一项不同的、更加专业的评估。
- 对于感觉反应过度、感觉反应不足或有感觉渴求的儿童来说，联系儿科职业治疗师通常是有益的。例如，儿童讨厌衣服上的某些面料、标签和接缝，从而拒绝穿这些衣服；从不注意自己受伤，不在意流血；总在寻求过多的身体接触等。

最好找到那些与天才儿童有扎实的相处经验的实践者。这说起来容易做起来难，即使是在提供很多选择的地方也是如此。以下是我的建议，可以让事情变得更简单：

- 撒一张大网。如果可以的话，去问问其他天才孩子的父母，整理出一份建议清单。
- 找到当地的天才组织，看看他们是否有资源清单。
- 联系为天才儿童服务的大型天才发展计划。
- 去咨询大学教育部门，他们是否提供评估或临床服务；是否可以把你介绍给其他部门、项目或个人。
- 问问你所在地区的儿童医院。
- 有时候，社交媒体上的特殊家长群体可以提供一些想法，但正如你知道的，若采取这种方式，最好是笼统地询问，不要在公共平台上详细描述你的孩子或你的担忧。

你可能要收集一些意见或评价，因为孩子为了克服挑战，已经形成了某种形式的内在适应，孩子的智力和完美主义可能察觉并超越短期评价。你可能还需要去外地寻找适当的评估及帮助。

六种天才学习者

我想把乔治·贝茨和莫林·尼哈特对于天才学习者的概括介绍给我所咨询的儿童、青少年、成年人和家庭，以及寻求理解和帮助天才学习者的教育者。这两位研究人员描述了六种天才学生。

这个模型给出了每种类型的情感、态度、行为、需求、感知，以及支持观点。为了帮助你了解天才学习者，下面是每个类型画像的简要描述：

成功型

他们往往在学校很成功。他们了解现有的教育体系，努力去取得好成绩。他们可以将对失败的恐惧转化为不去冒风险。这些学习者考试成绩好，受到老师的喜爱。在老师眼中他们都是天才学生，被安排在天才项目中。他们可能会面临日后成绩不佳、创造力和自主性降低的风险。

创意型

他们是极具创造力的学习者，其潜力比老师所看到的更大。他们是发散性思考者，常常挑战体制、规则和权威，往往不像其他人那样容易被识别出天赋。这些学习者如果在早期得不到帮助，可能会面临辍学的风险。

隐藏型

他们更愿意去适应学校的社会性，并希望隐藏自己的天赋。这类早期对学校生活更积极的天才学习者可能会有明显的转变。这种情况通常发生在女孩上初中，男孩上高中的时候，他们对归属感的渴望会超过对学术的追求。

危险型

这类天赋通常出现在高中，有时会更早。这类学生在学校有孤立无援的经历，也有怒不可遏的体验。这种情况可能发生在他们的能力和兴趣多年不被承认、未获得帮助之后。这类学生也会面临退学的风险。

双重或多重特殊资优型

他们既有天赋又有学习或处理困难症，或者另有挑战，比如自闭症。人们有时会错误地将这类学习者视为没有天赋者。

自主型

这些学习者具有内在动机，可以将失败视为学习的一部分。他们自信，能够自我驱动，有创造性，能解决问题。自主学习者往往关注人性，视学习为人生追求。

贝茨在此基础上与其他人一起制定了自主学习者模型和后续资源支持。

这项工作简单直接，可以帮助你更好地了解天才孩子，让他们感受到理解和支持，从而发挥潜能。然而，你还要一如既往地考虑天赋的复杂性。例如有的孩子听起来是个成功型学习者，而实际上他也有潜在的陷阱。

两种学习方式

除了了解你的天才孩子的学习特点，我建议你去发现他的学习方式。

为了培养天才儿童，先把你了解到的学习方式放在一边，将重点放在两种学习方式上：听觉顺序学习和视觉空间学习。视觉空间学习者和天才学习者的开创性领域是由天才研究员和心理学家琳达·西尔弗曼提出的，她的相关作品是《颠倒的辉煌：视觉空间学习者》。下面是两种学习方式的简要概述。

听觉顺序学习

听觉顺序学习者喜欢循序渐进地学习。学校的课程、材料、教学和课堂实践往往以听觉顺序学习者为导向，因为教学是将学生逐步从基础带入更深入的学习。这类学习者的技能和天性往往与学校的教学方法相适应，且结果（成绩）似乎相当不错。

视觉空间学习

视觉空间学习者喜欢先学习大概念，再回过头去学习细节。虽然按部就班的教学大体上是协调课堂学习的有效方法，但如果你是一个视觉空间学习者，这种方法会让你认为自己“不够聪明”，甚至“愚蠢至极”。矛盾的是，视觉空间学习者实际上可以在学习中寻求更复杂的东西。

如果不了解这个关键点，没有了解自我，缺乏随之而来的学业调整和帮助，天才儿童和青少年可能会与学校脱节，变得颓废，那时候他们面临的风险可就不限于学业方面了。这类孩子也会在自我意识、自我效能和自我价值方面出现风险。根据我的经验，一旦孩子走上那条道路，风险有时远超出校园生活，会进入自我安全范围。

我在我的办公室发起针对上述学习方式的谈话，并观察那些自认为是视觉空间学习者的儿童、青少年和成年人。他们总会激动地解释说，尽管他们喜欢学习，但部分——有时是大部分——学校的学习经历会令其感到乏味、无所适从。我们可以将这些因素与孩子在学校的脱节感联系起来，和孩子一起做规划，去缓解孩子在学习上的脱节，通过倡导与修正，让孩子更好地参与到学习中，努力提高孩子在学校的融入感。

要明确你自己的学习方式。如果你发现自己倾向于某种学习方式，而你的孩子倾向于另一种，你就必须意识到这两种学习方式会如何影响你和孩子的关系，知道你该如何引导孩子。尤其是在“家庭学校”那样的环境里，帮助孩子完成学业，在助学过程中选择材料、聘请导师、安排孩子参与任何类型的学习计划，甚至（尤其是）在创意艺术领域，都要在这方面有所意识、有所作为。

我鼓励你去探索这两种学习方式之间的种种不同，理解其复杂性，以便正确理解并促进孩子在学校的学习。针对这个概念，也和孩子进行讨论吧。

内向型和外向型

在心理学类型的研究中，瑞士著名心理学家和理论家卡尔·荣格提出了内向和外向这两个术语，来描述他在人们身上注意到的倾向。本质上，外向型的人往往会发现自己与他人在一起，在社会环境中，在外部时间时充满活力。内向型的人往往会找到独处时间，在内在的时间激励自己。让内向型的人去社交完全有可能，但他们确实需要独处时间进行充电。

无论内向还是外向，如果太久没有充电，人们都会在情感上产生动摇，失去洞察力，丢掉与自我、与人际关系的和谐。

对于有天才孩子的家庭来说，看清谁是内向型的人、谁是外向型的人很重要。如果你是一个内向型的人，而你的孩子是外向型的人，那你们需要一起协商，让每个人都有意义地投入这个世界，进行充电，并感到安定。相反，如果你的孩子性格内向，而你性格外向，情况也是如此，你需要帮孩子找到一个安静的方式让他充电，特别是在一天的学习或其他活动之后。

在实践中，我看到一些家庭意识到他们是两种性格的混合体，这往往说明了家庭的基本不和谐。意识到这个问题、认清家庭需求，然后去计划、去实施，那么情况就很容易得到改善。

关于“天才”的争论

还有一个围绕天才的冲突是，使用“天赋”这个词来描述儿童和学术项目。大家对此似乎有相当大的误解，总将天赋错误地转化为精英主义或特权。教育体系和个人可能会错误地认为天才儿童拥有一种天赋，不需要额外的资源或帮助。很不幸，在这种顽固又过时的观点中，天才儿童会被剥夺有意义且必要的学习选择和干预。

我在家庭环境中也见过类似的误解，有时是在父母之间，他们对这个术语感到困惑，同时也担心各种标签，特别是父母在很难识别、误识或未识别出孩子有天赋的时候。冲突经常发生在大家庭和朋友群体中，那些误解天赋含义的人，会觉得有天才的儿童的家庭是在“吹牛”，或者当他们把自己孩子的发展与天才孩子进行比较时会感到不舒服。一个常见的问题是“不是所有的孩子都有天赋吗”，是的，所有的孩子都是上天赋予的。然而，“天赋”一词具体是指高认知能力以及伴随这种能力而来的一切，并不是所有人都拥有这种能力。

第二章 天赋异禀孩子的共性特征

本章详细介绍了天赋异禀孩子的共性特征、动态及行为。关于天赋的特征，有很多文献记载，其中包括重要元素，如对学习的热爱或永不满足的好奇心。我想带领读者超越典型的列表，更深入地分享我所看到的东西，给读者一点启发，也可能是一种安慰。

记住，每个特征都可以带来能量，就算很难被发现。在大多数情况下，只有父母的善良、支持和培养才能平衡这些挑战。更为复杂的是，父母中的一方或双方要经常分享与上述相同的挑战，记得自己的那些过往。

要证明并支持你内心尚未下定决心的事情会很难。在这本书里，有些观念会帮助你取得进步，从而帮助你培养孩子。尽管这并非易事，但花时间进行反思，善意地为自己解决这些挑战，会帮助你的孩子进步，并增强孩子做同样事情的能力。

容易被误解的天赋特征

有天赋的儿童、青少年和成年人在天赋特征或动态的各个方面既可能展翅飞翔，也可能苦苦挣扎。

在这里和接下来的章节中，我们将探讨培养天赋异禀孩子关键特征的重要性。这些特征很难辨别，父母和教育工作者理解起来也极具挑战性。我们自身和孩子的这些天赋特征可能会被误解，被认为是故意行为不当、不尊重他人、消极、麻烦连连，甚至最坏的情况下，会被认为是病态的。

当我们知道如何正确地看待并支持这些特征和行为后，通常会迎来重要的发展，这会帮助我们解决问题。

强烈的情绪

有天赋的人会与强烈的情绪纠缠不清。天赋有时会带来智力上的专注、新的发现、成就，但也能让我们在情绪上屈服，尤其是当我们经历重要的人类情感体验时，比如爱、失去、愤怒等。

作为成年人，我们都有过情绪强烈的经历，我们对此有了策略——健康的或不健康的情绪——去抑制或利用这种能量。但是，有天赋的孩子和青少年通常会被强烈情绪冲昏头脑，有时还会连带他人（如父母等）一起疯狂，之后，情绪会变成遗憾、尴尬、羞愧，有时还会产生失控感。

我们可能会看到：

- 转换障碍，尤其是在专注的时候。
- 日程变化障碍。
- 对兄弟姐妹遭遇的不公感到不安。
- 失败时，难以忍受游戏规则。
- 对普通事故似乎反应过度。
- 因朋友、兄弟姐妹或父母的失望而感到沮丧至极。
- 与父母争吵期间或之后，自责和愤怒的自我陈述。

我们可以给予支持的方式：

- 倾听。
- 反馈（见第三章）。

- 在孩子情绪爆发的时候，爱意满满地陪他度过（见第五章）。
- 正常化——让你的孩子知道，情绪强烈是身为人的一部分，是成长的一部分，尤其是天赋的一部分。
- 告诉孩子，无论发生什么，你都会支持他，你们会一起渡过难关。
- 如果你的孩子说，希望自己从来没有出生，或者希望此时或之后死去，不要置之不理。即使是小孩子，也要认真对待，要寻求天才咨询或心理服务来帮助你的孩子。

非常敏感

有天赋的人非常敏感。我们往往在情感共鸣、社会经验、神经和感觉系统以及身体其他潜在生理反应中变得敏感。

我们可能会看到：

- 情感很容易受到伤害。
- 过度卷入成人/父母的问题中。
- 情感被校园事件、世界新闻事件所牵制。

- 帮助弱者的愿望以及无力感。
- 对人类不公平、不公正的仇恨。
- 控制不住地哭泣。

我们可以给予支持的方式：

- 真诚地倾听孩子的担忧并给予反馈，不要试图改变孩子的想法。
- 让孩子远离你的成人问题。
- 限制或干脆切断对传统电视新闻的接触（特别是在睡前和在车里），努力给孩子提供不那么骇人听闻的新闻渠道。
- 你的孩子可能会担心学校里另一个遭遇同学欺凌或与老师关系不好的孩子。尽你所能成为孩子的倾听者。在得到孩子许可的情况下，你也可以选择向学校保密。
- 随时准备回答挑战性话题，但要注意，不要投射出你自己的恐惧。
- 向孩子提问：那些眼泪在诉说着什么？
- 注意光线、声音和触摸的敏感性，并联系了解天赋的儿科职业治疗师进行评估。

在我的临床经验中，我发现那些在别人看来不具有情感、移情、社会敏感性的天才儿童、青少年和成年人，恰恰是最敏感的一类人。这种动态导致了对孩子天性的巨大误解，因为他们在挣扎着应对波涛汹涌的情感。

对这类人而言，保持理性、理智是一种挑战，所以他们经常把自己的敏锐、感受和经历埋藏起来。

看见：你可能会看到这些人把自己束缚在具体的兴趣和职业道路上，比如科学、学术和工程方面，因为这些领域似乎没那么多情感表达。

支持：若其敏感获得承认、鼓励以及培养，这类天才可能依然选择同样的路径，去从事数据驱动性职业。但他们对脆弱情感的真实理解会增强这一点，也许会导致发现和创新的巨大直觉飞跃。

支持：在你的家庭中记录下这一点，并保持开放心态，你那最不敏感的家庭成员可能是将自己的敏感隐藏起来了，他看起来漠然无情的行为可能是一种出色的应对伪装，以便在友善和安全的鼓励中受益。

完美主义

天才的完美主义是一种强大的力量。这类天才希望他们完成或创造的一切都没有瑕疵。我们天生就擅长一些事情，所以错误地相信（尤其是当我们还是孩子的时候），如果不能在生活和学习的每个领域都掌握或创造完美，那就是自己的问题了。

天才完美主义的可爱之处是，无论年龄或经验水平如何，他们都能自然而然地向卓越迈进。但同样地，这也可能带来自我毁灭倾向，这种倾向植根于自我保护。如果我们不确定我们能否完美地完成比赛，我们会把自己完全排除在比赛之外，或者更糟糕的，甚至会在比赛开始前就让自己靠边站。成年后，这样做就不幸了，因为如此一来，我们就远离了可能让我们成长的经历，甚至是可能在前方等待着我们的伟大事业。如果一个孩子经常这样做，形成了回避普通任务的模式，这就可能是毁灭性的。

我们可能会看到：

由完美主义产生的回避对于有天赋和双重特殊的儿童、青少年和成年人来说是一种常见的经历，尤其是当双重特殊儿童在学习或处理挑战时没有得到认同和支持的时候。

- 不去尝试新事物。
- 在重要事件发生之前，有痛苦的压力。
- 有不切实际的目标或目的。
- 因感到不熟练而提前放弃机会、不参与活动。
- 劳累过度，行为冲动。
- 察觉失败或经历真正的失败后的破坏行为。

我们可以给予支持的方式：

如果你的孩子逃避功课或完成了功课却不交作业，请留心观察，找出他潜在的、隐藏的学习或处理方面的挑战。

- 让儿童和青少年在尝试新事物之前先观察。
- 在尝试新事物时给他私密空间。
- 审视你自己的完美主义。
- 不要给孩子的完美主义火上浇油。
- 收回你对孩子或对自己任何不切实际的期望。因为天才儿童在某些方面是异步成熟的，至少是在某些时候。我们会错误地对他们期望过高。
- 在开始一项新活动之前，协商好退出计划。例如，你让孩子参加一个为期八周的击剑项目，你们对出勤率的期望是一致的：要参加至少五周才允许考虑退出。然而，如果你感觉这个项目让孩子有社交压力，让孩子在情感上产生不安，或影响到孩子的自尊，不要犹豫，尽快让孩子退出来。

洞察力

有天赋的人非常关注他们的生活和学习环境。我们能感知周围的人，也能感知周围人对我们的看法。有时我们甚至可以看到因果关系，或者他人隐藏的目的或动机。我们感知并调整我们的词汇和说话方式，以适应周围。

然而对于天才儿童来说，当在家庭或学校环境中遇到隐藏的混乱时，他们非凡的洞察力就会很容易出问题。这些孩子可以感知到什么已经结束，但往往不能完全准确地理解真正在继续的是什么。

我已经成为斯蒂芬·波吉斯博士精彩的多层迷走神经理论的粉丝。在讨论感知能力和情绪健康时，该理论增加了新层次的深度和复杂性。波吉斯博士的研究告诉我们，作为人类，我们会不断扫描自己的人际关系和环境，寻找威胁所在，他把这个过程称为“神经感受”。我们的威胁和安全体验会影响我们的神经系统以及随后的行为。如果没有安全可靠的协调，没有儿童与其看护者之间的共同调节，儿童就难以做出自我调节，而这可能会以行为和其他问题循环回来。

我们可能会看到：

- 令人困惑的行为，比如混乱、无序、无迹可寻的强烈情绪，或者全面的撤退。

我们可以给予支持的方式：

- 反思你的状态。如果你在经历与日俱增的压力、焦虑、愤怒、失望、沮丧、悲伤，或任何强大的痛苦，即使是暂时的，看似对孩子“很好地隐藏”了，你也要解决并平衡这个问题，以便具有感知天赋的孩子找到他自己的平衡。必要时你要去寻求帮助和支持。
- 如果家里出了乱子——例如一场安静而轻微但在升级中的父母冲突——让孩子知道，你意识到了他可能正经历着痛苦。虽然可能平常孩子自己就能处理那种痛苦的感觉，但作为父母，你要解决一些事情，这是你的责任，而不是孩子的责任。不要让孩子卷入这场冲突。

- 注意学校里的混乱。问题可能以领导力或教育的形式出现。一个有洞察天赋的儿童或青少年能够感觉到环境中的痛苦，即使他并不了解事实本身。

同理心

与天才的敏感性和洞察力相关的一个特征是同理心。根据我的经验，天才的同理心超越了作为人类理解他人经历的能力。有天赋的年轻人和成年人实际上可以体验到别人的某些感受和经历，就像他们自己的一样。然而，这个转化往往是不恰当的（如过度共情），会影响到孩子自身的情绪，特别是调节焦虑和愤怒的能力，导致痛苦或麻烦的内在体验或行为。一旦我们能够理解并运用同理心，它就是一个了不起的盟友，但在童年时期我们需要一些指导。

我们可能会看到：

- 混乱的行为。
- 非典型语言——有时甚至是污秽语言。
- 不知从哪里冒出的愤怒或焦虑升级。

- 难以平静。
- 混乱。
- 没有明显原因的流泪或悲伤。

我们可以给予支持的方式：

- 有个很好的开始：问问孩子，他是如何感受你的感受的。例如，你做完一件倍感压力的工作回到家，可以问："今天的工作令我很沮丧，我刚刚回到家时，你能感觉到吗？"

让这些对话继续下去，让孩子练习分辨他的沮丧与你的沮丧带给他的不同影响。帮他分清哪些情绪是他自己的，哪些是别人的。在你消除或平息自己的沮丧情绪之后，和你的孩子做同样的练习。

这不是让你的孩子从困难的感觉中分离出来，而是要和孩子找出隐藏在他感觉之下的东西。他什么时候开始有这种感觉的？接下来发生了什么？他那时在哪里？和谁在一起？我建议，等你从愤怒等强烈情绪中平复之后，再开始这个问题的对话。

异步性

异步性通常被认为是天才儿童在不同领域的不均衡发展，可以表现为多种方式。比如双重特殊资优是天赋伴随着学习、处理面临的情感、身体方面的挑战或其他特殊症状（如自闭症）。对于一个天赋异禀、双重特殊资优的孩子来说，这尤其令人困惑。异步也可以出现在生活的诸多领域，这与孩子的成熟程度及应对策略有关。

对于孩子来说，在没有得到帮助的情况下独自管理异步会筋疲力尽。根据我的经验，这些相反的动态往往会让孩子感到沮丧和愤怒，而父母和教育工作者一开始可能会忽略这一点。帮助孩子理解他的异步，并给予支持，这是他幸福的关键，你们的亲子关系有时也是家庭和谐的关键。因为这与发展有关，随着孩子的成长，你可以预期这些异步会有所改变，特别是如果对学习、感觉、处理或其他挑战进行了有效干预的话。

我们可能会看到：

- 孩子可以与老师讨论知识上的问题，却会因意外的日程改变或小小的失望，像蹒跚学步的孩子一样呜咽。

- 小小年纪的天才孩子想努力表达自己在写作或绘画中的高级思考和想法，而自身的精细运动技能跟不上，表达由此受到阻碍。
- 一个非常有天赋的孩子由于阅读障碍而不能顺利阅读（或完全读不出来）。

我们可以给予支持的方式：

- 尽可能去了解异步，从更高的角度追踪并解决孩子的异步，知道情况会继续变化。
- 当孩子感到沮丧或生气时，做一些调查工作。观察那些处于挫折中的模式、信号、迹象，并安排评估，确定用双重特殊资优或其他方式来帮助孩子在这方面发展。

公平感和正义感

各个年龄段的天才对于什么是公平和公正，什么是不公平和不公正，都有敏锐而天生的感觉。

我们可能会看到：

- 有天赋的儿童、青少年和成年人一旦遇到一点儿不公正，就会放弃整个关系、承诺或意识形态概念，有时甚至拒绝和解，在这方面拒绝成长、拒绝学习。

- 让父母感到挫败的是，在这种动态进一步加剧的过程中，年纪小的天才儿童因其年龄、强烈情绪和完美主义，有时无法看到自己的行为中也有权力差异，存在不公正，特别是在对待年幼的弟弟妹妹的时候。
- 有天赋的年轻人可能会认为，自己无能为力或无法纠正他所看到的世间的巨大不公。

我们可以给予支持的方式：

- 支持孩子的兴趣，让他们参与到相关的改变运动和项目中来。
- 一起研究普通人为他人带来改变的故事。
- 努力在你的家庭、互动、选择中体现公平和正义。
- 当孩子对一个朋友感到失望时，和他讨论人际关系及友谊的起伏变化（见第六章）。
- 对有天赋的孩子表现出善意，因为他可能会对弟弟妹妹做出不公正的行为。他在意识到这种异步性或不一致后，很可能会为此感到尴尬。风暴过后，和孩子谈谈他痛苦的根源。共同规划如何有效地解决当前问题，如何解决未来的问题（见第三章）。

创造力和幸福

有天赋的人会以不同的方式创造。但由于正规教育、家庭的反对或分歧，或孩子为了适应环境而故意隐藏自己的一部分，创造力可能会偏离或受到阻碍。

天才的创造力当然是通过创造性的表达而存在，不过，也可能远超这一点，进入到我们的兴趣、自我表达和生活道路中来。作为一个人，拥有表达创造性的自主权，特别是年轻的时候，要有智慧地深入学习，探索其他一切潜力。

可悲的是，根据我的经验，有时一个天才儿童、青少年无法完全表达他们此刻的自我，因为他们认为这与家人或同龄人看待事物的方式相冲突。如果我们在年轻时不能开始表达真实的自我，不能接受真实的自我，那我们就会悲剧性地偏离航向。

我们可能会看到：

- 在专注于结果而非过程的美术课上，他们会产生挫败感。

- 将他们的创造性表达与有着不同风格、方法和表达方式的同学进行不恰当的比较。让尚未完全发展精细动作技能的天才儿童，与画得逼真的同学进行比较时，尤其如此。
- 在只注重反复，要求掌握作品、声音和设备，而非实验、创作和即兴创作的音乐课程中，他们会感到沮丧或无聊。
- 向家人隐藏对好设计的品位或兴趣，因为孩子的感受可能会被敷衍，也可能被全盘否定或被认为没有深度。

我们可以给予支持的方式：

- 让你的天才孩子知道，在家里，他可以自由做自己。让孩子从错位的社会期望中解放出来。在面对通常死板的规范时，帮孩子找到方法，做真实的自己。在家庭之外也要提供这种支持，有时你们可能需要头脑风暴，做出计划和调整。例如，考虑如何应对祖辈对于利用间隔时间学习其他东西的问题。
- 认真选择活动和指导老师。听取孩子对老师和活动体验的看法，并做出相应调整。

- 有时需要夸大创造性努力，才能更充分地释放出孩子的自我意识。实际上，这样做可能与父母、同龄人以及社会生活更为贴近。但这一目标应该在支持、接受的环境中推进，去进行自我表达与探索，从而有机地得以实现。

与人类的复杂关系

根据我的经验，有这类天赋的儿童、青少年和成年人往往对人性爱恨交织。

他们希望减轻人类的痛苦，为解决大规模的人道主义问题作出贡献，但同时对所看见的个人或集体的自满、不公、恶意或愚蠢感到厌恶。

这种冲突存在于他们内心，也存在于他们调和自己的行为之中。他们知道自己是人类的一员，甚至是此类问题的同谋，于是内心产生厌恶。

我们可能会看到：

- 悲伤，焦虑，存在性抑郁症。
- 对自我的愤怒。

- 感觉无能为力。

我们可以给予支持的方式：

- 对这种经历最好的抚慰是，去关联你自己在这方面的冲突。然后，留出一段中立的、充满爱意的时间，开始与你的孩子进行持续对话。

生存的困境

大多数人会思考自己的存在，思考人类存在的困境，这些困境源于这样的问题：

生命的意义是什么？我的生命的意义是什么？

即使我在家庭或群体里是被爱的一员，是重要的，可为什么我依然会感到孤独？天才儿童和青少年也是如此，但他们在很小的时候就开始深入思考这些存在性问题。这些想法可能会让他们感到难以承受，因为他们还没有成年的生活经验（异步的又一实例）。重要的是，当有迹象表明你的孩子正在经历一些存在性事情时，要开始与他展开对话。

我们可能会看到：

- 你也许意识到了，是时候通过孩子关于存在性的提问或评论、他所表现出的普通的悲伤或恐惧，或延长退缩或沉默的时间，来解决他的存在性问题了。你也可能在孩子得知自然死亡或意外死亡、自杀这类棘手消息时的反应中看出迹象。

我们可以给予支持的方式：

- 要善于读懂那些沉默、那些表情。
- 与孩子达成协议，当这些问题发生在孩子身上时，让他和你一起，即使只是坐在一起。
- 通过倾听和反馈给予他们支持。
- 不要忽视孩子的这些担忧。
- 如果有什么曾经帮你度过人生的灰暗时刻，比如诗歌或传记，就分享给孩子吧。
- 向天才咨询相关机构寻求支持。

热爱学习、批判性思维和解决问题

给天才年轻人空间，让他们去进行既有独立性又具集体性的思考和创造，去解决学校之外的问题，这一点至关重要。

我们可能会看到：

- 深入研究，提问，在不寻常的话题中寻求经验。

我们可以给予支持的方式：

- 对孩子想要探索的东西保持开放性态度，支持孩子的那些冲动，看看会带来什么。
- 孩子可能会在一些事情上停留一段时间，但很快就会转移到其他事情上。当这种情况发生时，你不要感到惊讶或沮丧。
- 相信孩子对什么时候该继续的那份直觉。
- 不要用你在这个领域的知识去压倒或阻止孩子，不要过分干涉孩子。
- 如果可以，把你的家和学习环境设置成可以犯错的地方，至少有一个可以在犯错的过程中创造或留下（混乱）痕迹的地方。
- 帮助孩子将失败的探索视为学习、批判性思考和解决问题过程的关键部分。有很多从失败中产生创新的例子，去了解伟大的发明家和企业家，并在餐桌上分享你的发现，人类的许多创新都源于失败。
- 如果孩子的兴趣需要指导老师或者课程费用不菲，

而你担心他会在完成之前退出，可以事先和孩子谈一谈，商量出一份合理的协定。

敏锐的幽默感

有天赋的人往往有非凡的幽默感。这跟他们与其他人的关系以及他们的感知力、同理心密切相关。但有时，这个特点会击中要害、令人不快，因此他们通常不受课堂老师、学校管理人员、同学或家庭成员的欣赏。

我们可能会看到：

- 外向的孩子很难放下麦克风，就算他们已经失去了听众。
- 内向的孩子可能不会在公共场合说话，比如学校，这样就失去了让他们的喜剧才能得到认可的机会。
- 作为父母、老师和辅导员，我们可以帮助孩子提高自我意识，同时提高这方面的技能。

我们可以给予支持的方式：

- 善意地帮助孩子意识到，他有压倒别人或保持隐形的倾向。问问孩子想怎样。一起头脑风暴，讨论可能有用的办法。让你的孩子知道这是为人的一部分，是成长的一部分，也是天赋的一部分。没事的，你们会一起渡过难关的。

✦ 有时候，人类会用幽默来抵消生而为人的痛苦。审视孩子幽默表象之下的东西是很重要的，特别是当孩子的幽默总是围绕某个特定话题的时候。

✦ 引导你的孩子远离讽刺，转向更成熟的幽默表达——这也将发展孩子的自尊感和幽默感。如果你喜欢讽刺，就试着把它换成不那么消极的幽默表达方式吧。

东布罗夫斯基的积极分裂理论

卡齐米日·东布罗夫斯基是波兰精神病学家和心理学家。他致力于人格发展理论，称之为“积极分裂理论(TPD)”。该理论解释了人格在整合与解体中的发展过程。这一理论被引入天才群体后，很多人深感兴趣，并专注于此，其部分理论转变为过度兴奋的研究。

有五个过度兴奋区域被东布罗夫斯基视为个人发展潜力的指标。这些过度兴奋区域部分或全部经常出现在天才儿童、青少年和成人中。过度兴奋的表现可以被视为缺陷、优点，或者两者兼而有之，这取决于观察者的视角。

在我的实践中，我把这些概念作为一般意义上的优势，认为它们代表了一个人的发展潜力。有些人五种过度兴奋都具备，有些人少一些——你拥有的一切都是完美的。了解过度兴奋的这些特性将帮你更加了解孩子的特征，帮你明白如何培养这些优势，并应对相伴而来的挑战。

精神运动过度兴奋

有这种过度兴奋的人需要运动，无论是通过运动、舞蹈，还是简单的手势，比如在桌子上不停地敲，来回踱步，坐着的时候不断移动脚。他们的语速也经常很快。

这些孩子需要机会经常活动。和家人走在街上，你可能会发现他会去爬墙，在一根低矮的树枝上荡来荡去，经常前前后后地跑来跑去。请摸索出适合孩子的活动，做出计划，通过运动来帮助孩子。

想象过度兴奋

这种过度兴奋的人具有极强的想象力，可以成为出色的问题解决者、发明家、故事讲述者和编剧。那是一种持续的生活状态，他们的想象力几乎处于全面展开状态，经常会做白日梦。

家庭可以帮助这类孩子进行富有想象力的探索。经常让孩子知道他有丰富的想象力，并询问他是否需要你们的支持。有些孩子希望有人协助他把场景表演出来；有些孩子希望借一台带照相功能的旧设备去学习电影制作；有些孩子希望有一张指定的桌子或固定的空间去存放材料、创造和发明；有些孩子需要更多机会去接触大自然。

情感过度兴奋

这样的个体深深感受着自己的感受，里面包含了人类情感体验的高潮与低谷，在他们年轻时，这样的感受尤其具有挑战性和压迫性。

他们也能深切感受到他人的感受，深刻感受到这个世界的欢乐与痛苦。这些儿童在诸如观察无家可归的家庭上、学习关于种族灭绝的课程、参观动物收容所等环境时，可能会不知所措。

当你和孩子一起面对这个世界时，经常和他谈谈这个问题。帮他总结艰难的经历，帮他为潜在的困难经历做好准备——例如进入一个可能会让他不知所措的空间，如一家大型封闭商店，如果你中途要离开商店，要提前帮他了解店内情况，交代好他可能需要的一切。

智力过度兴奋

对参与和理解世界有着极大的兴趣，而这些内容远超出学校课程的范围。他们不断探索，充满好奇地进行学习和理解。

当孩子从深入探索突然转向下一个全身心投入的领域时，父母往往感到费解。建议你密切关注并支持孩子的兴趣，不要立刻过于执着，因为孩子的这个兴趣可能只是暂时的，有时会阻碍下一步的追求，有时则不会。

感官过度兴奋

感官过度兴奋转化为对人类体验中感官部分的热爱，特别是我们可能发现美的地方：自然、音乐、设计、艺术、建筑、诗歌以及食物等产生的感官愉悦。

认真观察孩子，这个特点你很容易就能识别出来，我经常发现孩子的感官过度兴奋和他们的父母完全不同，他们有不同的情感。很常见的是，孩子对漂亮的设计有强烈的感觉，但这对他们的父母来说往往并不重要，父母未必同样重视服装、家居或其他设计。根据你的感受，你可能需要在这方面做一些让步来支持你的孩子。不要对感官过度兴奋不屑一顾，这个问题看似浅显，但你可能会出现误判。

为了让大家对东布罗夫斯基的工作有更全面的了解，除了过度兴奋，我在这里对 TPD 做概述性介绍，便于你们思考，从而让你们更好地养育或服务于有天赋的孩子。

东布罗夫斯基提出，为了将我们的人格发展成我们的终极价值理想，有必要打破、瓦解那些没太进化的人格结构以及伴随而来的思维方式和行为方式。这个进程需要内在和外在的紧张来为我们的发展创造条件。换句话说，我们内心和外在的生活很难提供进化所需的紧张。东布罗夫斯基看到位于这种紧张核心的焦虑与抑郁，他认为此类焦虑与抑郁不是病理性疾病，而是紧张的指标，在充满人类创伤、痛苦、疼痛、权力差异和愚蠢的世界中进行探索和发展时会出现。

东布罗夫斯基概述了几个作用于我们的因素，并强调了这个发展过程：我们的天性（或基因）、我们的后天培养（或环境），以及我们的内在资源和驱动力，他称之为我们的第三个因素。这些过程有些是自发的，有些是通过意识培养的。有些发展可能更为迅速，有些发展要慢得多。随着新的发展和新的尝试，积极分裂过程将会重复，在新发展阶段之间可能会有很长一段时间。

希望你能对东布罗夫斯基这项工作进行更深入的研究。这样，你就可以在孩子的发展过程中予以更大的帮助。

保持开放的心态

如果想让你天赋异禀的孩子茁壮成长，那你必须对各种可能性保持开放的心态，即当你理解和培养孩子时，要把他那些不符合规范的行为引向美好的地方，而不是去泼冷水。例如，对于一个有激情的孩子，我们要去提高其说话方式能被别人接受的能力，而不是以礼貌的名义让他安静下来。为了维持现状而试图“治愈”孩子因天赋产生的行为，对孩子没有好处。

这意味着你可能需要重新构建与不理解孩子、不赞同你养育方式的大家庭之间的关系。你可能还需要重新定义你与权威的关系，比如教育和卫生保健系统，因为你要明确什么最有利于孩子的健康学习，有利于他的生活和生存。

干预当然是有时间和地点限制的，如果干预严重抑制或破坏一个聪明孩子的热情，影响其发展过程，那么对于孩子和我们所有人来说，其代价可能超过好处。

与孩子一起目睹环境、教育、经济、社会、保健和政治制度的崩溃时，我们为什么要压制聪明孩子的强烈情感或无拘无束的创造力呢？是因为那些令人气恼、招惹麻烦、没有言听计从、偏离中心、稀奇古怪、道出真话的行为吗？我们为什么不去倾听隐藏在孩子焦虑背后的东西，在这个背景下，去感知有天赋的孩子呢？

许多有天赋的年轻人可能无法在我们的社会制度和契约范围内轻松生活，但这并不代表他们就是错误的，不代表他们的方向错误或行为不当。当我们迫使最聪明的孩子走上一条路，那条路上没有为他们留出不符合常规的善意，没有为他们留出巨大创造力和智慧驱动的空间时，我们付出了怎样的代价？

我们为什么要通过各种旨在改变孩子观点的干预去平息那些焦虑行为，而不用智慧去挑战现状寻求平静呢？东布罗夫斯基用一个词来形容这种悲剧：积极的不适应，即我们（错误地）适应生活在一个可能或应该不存在的世界。

为这些聪明、有创造力的孩子提供帮助是父母、教育工作者和咨询员的伟大事业。

第三章
成为更好的父母

养育天才孩子在许多方面与养育其他孩子是相似的。你的重点是为孩子提供一个安全的、滋养型的家，让孩子感到安全、爱与支持，在孩子发展、成长、经历家庭之外的世界的过程中，让孩子能回到一个可以依赖的地方。但作为天才孩子的父母，有时你可能会对自己的教育方式感到尴尬，因为你尝试了传统的教育方式，但这些方式对你或你的孩子都不起作用。你的处境完全可以理解。

我们一起来看看更有可能帮助你在家庭中创造和谐的策略。天才孩子家庭的养育有属于自己的宇宙，需要专注的自我反省，超人的灵活性，以及建立在爱和尊重基础上的毅力。

健康的父母，健康的孩子

根据我的经验，天才儿童的父母往往具有天才的特征或天赋，即便这个问题没有得到正式或非正式的确认。因此，如果你读这本书是因为你的孩子被认定为天才，那么你或你的伴侣可能也是天才。

可以理解，这个真相可能伴随着复杂的情感体验，有些非常具有挑战性：为失去的时间或潜力而难过；为孩提时代被误解或得不到帮助而愤怒；被否定，为孩子天赋作贡献的基因属于你的另一半，而不是你自己（可能，但也未必）；为没被看出天赋的大家庭选择了不那么合理的应对策略而深感悲伤；对自己未被承认或者被否认的部分迟来的觉醒。

善待自己，承认你是孩子的完美父母。孩子常帮我们看到我们所需看到的自己。然而，我们很容易误解这一信息，并将我们自己的挑战或痛苦投射到孩子的行为上，而不是更努力地投入到对他们的内在研究上。

即使你没有被正式认定为有天赋，你也必须找到一个了解“天赋”的优秀咨询师，去解决任何可能影响孩子的问题。否则，这个家族遗传的影响将会干扰孩子的发展，并在你的家族中代代相传。

如果你被认为有天赋，那么帮你的天才孩子茁壮成长所做的最重要的事就是自我反省。作为一个有天赋的成年人，你需要清楚自己在哪些方面需要帮助。问问自己下面几个问题：

- 你是否受到自己强烈情绪或完美主义的挑战？
- 你是否对自己的洞察力或敏感性有所忽略、忽视，或感到负担过重？你是否通过工作、超过预期的成就、药物或酒精成瘾或自我治疗让自己麻木？
- 你是否回避自己的感觉，或者发现你被感觉压垮？
- 你怀疑自己具有未被发现的双重特殊资优吗？
- 你是否觉得总体而言，自己已经“退出”了生活？

如果这听起来像你，不要绝望。要明白，去解决这些问题，就解决了你自己内部的问题，从而可以更深入地了解如何更好地培养你的天才孩子。如果你在这些方面或其他方面受到挑战，现在就抓住机会，来解决这些问题。

达成相同的育儿方式

夫妻治疗师哈维尔·亨德里克斯和海伦·莱克莉·亨特告诉我们，伴侣在某种程度上被吸引到一起，是为了共同解决小时候无法与父母家人解决的问题。这是伴侣的美妙之处。但是，倘若得不到尊重和照顾，伴侣最终会分开。根据我的经验，如果父母双方没有意识到这一点，他们还会造成冲突，形成不平衡的育儿方式，这会对孩子与父母的关系以及孩子的社会情感发展造成不利影响。当你把天才家庭里的强烈情绪、完美主义和敏感性格混合在一起时，这个家庭系统会变得异常紧张。

父母花时间在一起，审视自己的童年以及被养育的方式，然后讨论哪些对自己有用（或没用），希望如何养育自己的孩子，这个方法至关重要。若父母分居、离婚或住在两个家庭，如果可能的话，仍然建议你们尝试这样做。你可能会惊讶地发现，有时，那些看起来宽容的父母，他们的父母更加专制、纪律严明；而那些童年经历过放手或宽容的父母则希望以更严厉的方式养育孩子。同样的冲动也会出现在他们所选择的伴侣身上。

有可能找到一种育儿方法，让伴侣感到真实、同步，但这需要持续的沟通与实践，即你们一起去做这些事情，并在决策时达成共识。如果你们对育儿方式的某些方面有不同意见，无论如何都要相互理解并制订出计划，然后通力合作，而不是互相破坏。孩子会感受到这种凝聚力，并在其中茁壮成长。如果你和伴侣之间有不和谐的地方，孩子能感觉得到，并会挣扎其中。

对立的天性，对立的需求

正如天才家庭中没有足够复杂的矛盾一样，我还注意到，天才家庭往往是由天性截然相反并且需要完全相反的支持的父母、伴侣、孩子和兄弟姐妹组成的——例如，内向的人与外向的人生活在一起，感觉寻求型的人和感觉回避型的人生活在一起，视觉空间型的人和听觉顺序型的人生活在一起。

重要的是，每个家庭成员都有其需要的生活幸福、充电、参与。一个有益的做法是，通过家庭讨论来提高对每个家庭成员不同需求的认识。你们可以一起去计划如何沟通每个人的需求；对于这些需求，每个人希望如何获得满足；当需求没有得到满足时该怎么办。

下面举几个例子来描述家庭成员在这方面所面临的问题：

- 父母是感觉回避型，而孩子是感觉寻求型。孩子希望经常被抱着、依偎着或扭来扭去。父母要休息时，需要用一种沟通的方式让孩子不会感到被拒绝，不会觉得自己做错了什么。想要确定你的孩子属于感觉寻求型还是感觉回避型，就去接受专业儿科职业治疗师的评估和诊疗吧，这会有所帮助。
- 当家庭野营或度假时，内向的孩子喜欢待在室内看书，而不是徒步旅行或观光。如果强迫这个孩子参与其中，会导致孩子一天的低气压；如果把孩子单独留在家里则会有安全隐患。家庭可以提前讨论这个问题，确保孩子的投入和参与，并共同制订一个有意义的计划，在家庭旅行期间为这个孩子找到专门的时间，让他去进行阅读和放松。
- 内向的父母不知道如何与其他父母为外向型孩子做计划、办聚会。如果你是这样，那你并不孤单。可以有个简单的开始：找出你的孩子想要见的人，收集其他家长的联系方式——这对你来说可能是最艰难的一步，因为你真的要强迫自己去做。（在第六章，我们将讨论为你的孩子制订社交计划）

- 完美主义的视觉空间型孩子会拖延学业，而完美主义的听觉顺序型、细节导向型、时间安排型的父母恰恰相反。对于许多有天才的家庭来说，这种动态毁掉了许多个周日的晚间时光，因为孩子会在最后一分钟匆忙赶完功课，可能还需要父母帮忙寻找材料。父母会感到沮丧，因为功课原本可以在一周内以更有条理的方式完成。我将在下一章给出克服孩子拖延症的指导。
- 父母在拿弟弟妹妹和天才哥哥姐姐做比较时，有时会错误地认为小孩子没有天赋，因为他们的天性、表情、习惯和行为与大一点的孩子不同。

家庭，呈现光明与阴影的一面镜子

“阴影”一词来自卡尔·荣格对原型的研究。一方面，我们通常不知道自己的影子可能会成为生活中一股破坏性力量，因为我们不喜欢自己可能具有或可能没有意识到的影子。在别人身上感觉到或看到自己的影子时，我们会感到不舒服。即便我们没有意识到自己的这些方面，那也是事实。另一方面，光明面往往是我们自己喜欢的部分。这两方面都可以在我们的自觉意识中，作为一个人，我们有可能接触到人类大面积的阴影和光明，因而会感到不安。

那些吸引我们的人，他们通常持有我们光明的那部分，有时甚至是我们内在尚未点燃、尚未意识到的部分。和那些能反射或照亮我们光明面的人在一起，通常会让人觉得生机勃勃。想想与那些能激发出你最好一面的人在一起时的感觉。

那些让我们情绪失控或排斥的人，往往占据着我们阴影的部分，有时甚至是我们尚未承认的部分，或是我们已经否认的部分，因为我们很难看到或承认自己身上具有那个部分。在那样的人身边，面对令你无意识想起自己阴影的人，通常是很有挑战性的。你很可能遇到过让你恼怒的人，即使你不知道确切原因。

在我们的家庭中，就像在任何一个人类社区一样，我们可以看到自己的各个方面。当有人占据我们光明的那一面时，他是令人愉快的；当有人占据我们阴影的那一面时，他则是令人痛苦的。这就是父母对孩子如此不安的部分原因，因为他们在孩子身上看到的也是他们自己的挣扎所在。

有个很有帮助的练习：当你被某人引爆情绪时，问问自己：这个人或者这个方面，是不是我也如此？对可能出现的答案保持开放的态度。

我们一旦看见并认识到自己的影子，就能开始与吸引我们注意的部分交朋友。有时候，阴影是从童年时代就开始形成的应对反应，而我们已经不再需要它。有时候，阴影来自家庭模式或是性格所致，而这些模式或性格从来都不是真正的我们，承认并释放它们是一种解脱，能使我们自己和我们的孩子摆脱这种痛苦。

天才家庭中遗传的强烈情绪

正如我们已经讨论过的，有天赋的人在生活的诸多方面更容易情绪激动，包括情感生活，这在有天才的家庭中可能会转化为怒火冲天、一点就着、情绪强烈。

作为人类，我们往往会对自己觉得最安全的人大为光火。孩子在愤怒时对你咆哮，那是因为他觉得和你在一起很安全——这是他能给予你的最高赞美。如果父母心胸狭窄、自恋、成瘾或惩罚孩子，情况就不一样了，这些家庭的孩子会找到其他发泄地点和方式，比如学校，有时他们还会自残，以发泄其愤怒。如果这发生在你的孩子身上，建议你寻求善意的专业援助，尽快解决这个问题。

如果对你来说，宣泄愤怒最安全的地方是和孩子在一起，那也建议你去寻求帮助，解决这个问题，让你们的亲子关系和孩子的幸福从这种动态的暴行中解脱出来。相反，如果你把所有的愤怒都憋在心里，酝酿成消极的攻击或内心的混乱，我不带任何批判地建议你寻求帮助，把自己从这种完美主义的压迫中解放出来。这对你来说可能很难听进去，但经常通过培养健康的行为来帮助自己，是帮助孩子的最好办法。

有趣的是，愤怒通常不是人们主要的情绪。在愤怒的外表之下，常常有其他感觉或一堆感觉。我们愤怒的通常是当时所处的环境、背景以及面对的不同的人。

根据我的经验，要想帮助孩子最终理解他的愤怒，厘清他的需求，首先要单独搞清在你自己的愤怒之下是什么。在帮助孩子之前，你应该先正视自己的愤怒，否则这个策略不会有效。接着，在暴怒之后的一天左右，在你心平气和的时候，以非评判或防御性的方式，温和地与孩子讨论他愤怒背后可能还有什么，让孩子知道你也会这样。这可能会对你们两人的经历和感受都有所启发——你支持孩子的发展，或许想要从专业角度继续讨论和处理这些重要信息。如果你不确定如何开始对话，可以从反馈做起，我们将在本章讨论。

完美主义的天才儿童在学校里忍受并压抑着无休止的

小小不公，忍受着慢速或无意义的学习，你可能会注意到，在放学后，他会对你或对兄弟姐妹释放、宣泄看似无关的愤怒。

帮助孩子在这里建立连接，给他一个发声板，让他坦率地谈论他在学校遇到的困难。让孩子知道你在支持他，在帮他解决问题，在培养他的意识，如此一来，孩子就可以开始自我主张，而你也许会重新评估这所学校是否适合孩子。再次强调，从反思开始，让这场对话继续下去。

如果你的家族树上有一人或几人具有愤怒倾向，那么异常愤怒的孩子其实可能会下意识去打破这种家庭模式，来唤起家人对这个问题的注意。如果家庭成员不去解决这个问题，就像其他家庭模式一样，也不能成功地改变这种根深蒂固的模式，那么这个问题就可能随家谱传递给下一代。重塑并追随孩子这个有价值的引领，就为你提供一个机会，帮你打破那些曾经对你的家庭有益但现在不再有益的模式。找一个真正了解天赋、了解强烈情绪、了解家庭系统的咨询师，帮愤怒的天才孩子超越已有的认知，提出行为矫正策略。

人们都认为愤怒不已和情绪爆发不是恰当行为，但其中包含了太多我们需要知道的重要信息。我建议家长把这些事例重新定性为有价值的。孩子在试图告诉你一些重要的事情。别担心，我们将在下一章讨论应对这些事例的最佳方案。

应对退缩的天才

内向或倾向于更内向的孩子通常会退缩而不是爆发（尽管他们也会爆发）。这些具有挑战性的感觉会在孩子体内形成并嵌入，造成很多内在的痛苦。

更内向、更追求完美的天才孩子的父母，很难辨别出什么时候有什么事情困扰着孩子。当孩子处于困境或危机时，父母很容易错过干预的机会。除非知道要寻找什么，否则孩子的老师通常会告诉家长，孩子是模范生，因为从本质上说，这样的孩子不会行为不端，不会挑战课堂管理。

如果你的孩子符合这一描述，最好针对孩子的天性，与他开启一场持续对话。这个办法不错，但需要找到一种自我表达的方式去引发孩子的自我主张。

退缩可能是逃避的一种形式，所以双重或多重特殊资优孩子在发展这种应对策略时尤其有风险。这种应对机制一旦被锁定，就很难解开。你可能会看到一个双重特殊资优的孩子在谈话的主题太具挑战性时突然离开教室，或者转移注意力、改变谈话的主题。这两种方式都是他们应对未知的即时应对策略。从长远来看，在这个层面上的回避会适得其反。倘若你自己是个退缩或有倾向回避的人，特别是将其作为一种应对策略，那如果你开始在内心进行同样的对话，去恰当地表达自我、主张自我，你和你的孩子都将受益。

同理心是如何受伤的

无论是对自己还是对别人，任何情绪都会在某种程度上消散。以我作为临床医生的经验来看，当父母无法承认或不能表达出自己的情绪——甚至不能对自己表达出来的时候，具备感知力、同理心、有天赋的孩子能发现那些隐藏在表面之下未被告知的感觉，并把它当成自己的感受来对待。这种情况经常发生在有天才的家庭和课堂环境中。

在我看来，让这种现象更难厘清的是，一个人以某种情绪经历着什么，另一个人很可能会将其作为自身的经历。例如，如果双亲中的一位对另一位感到不满，但没有表达出来，这种不满可能会在他们的天才孩子身上表现为悲伤、焦虑，甚至愤怒，在天才孩子变得失调之前，这似乎与其他原因无关。

你有能力通过说出自己的感觉从而帮助孩子，至少是对你自己说出你的感觉。当你开始承认自己的感觉时，密切留意你的内心发生了什么；当你开始承认自己的感受时，要密切留意你的孩子身上发生了什么。

如何讨论严肃话题

天才儿童往往在很小的时候就开始思考死亡、战争、贫穷、种族主义、唯心、成瘾、环境可持续性、特权等严肃性话题。当孩子提出这些话题后，父母通常不知如何应答。

可以让孩子知道，你在回答之前需要时间去整理思绪。在某些情况下也可以告诉孩子，你有想法或答案，但需要等他长大才能对此展开充分的讨论。

让孩子接触适当的事实性信息（如讨论死亡时，了解关于人类寿命和生命周期的研究），限制孩子接触潜在的压倒性信息来源（如讨论战争时，电视新闻里对于战争的冲突报道），要把握好这两者之间的平衡。

有时，借助传统的儿童文学——小说、非小说和传记，一起阅读，可以给孩子时间、空间和机会，让你以一种相当包容但有意义的方式来讨论和整理这些问题。去进行实地考察，带他去参观历史名胜、博物馆，看展览，事先进行长时间的准备谈话，事后进行回顾，这些方法也会很有帮助。

早熟的益处包括对哲学、科学、公平、正义和美德以及其他人类活动早早就产生了兴趣。此外，这些成熟的主题可能会激发创造力和想象力的萌芽，因为孩子正在寻找解决人类疾苦的办法。早熟的主要风险是，没有生活经验去协调伴随那些想法所产生的强烈情感，同时，帮助人类减轻痛苦也会让这样的孩子产生无力感。

真话与谎言

我们每个人都有权决定自己与说真话的关系。一部分人，承诺说真话的年龄小一些；一部分人，年龄要大一些；还有一些人，对他们来说，这个问题根本就没发生过。在说真话这个问题的个人策略里，还有更复杂的问题——比如，为了避免某人痛苦而说谎。

在孩子实现个人能力和道德发展里程碑的过程中，探索谎言是发展中正当的一环。天才儿童像大多数孩子和成人一样，不愿采用这种具有欺骗性的方式，但有时在自己的力量下尝试完成什么而知道父母会说“不”时，孩子看不到其他选择。或者，他希望避免什么，忘了注意什么；又或者，真话让孩子的完美主义受阻，而他希望在别人眼中他是优秀的、完美的。

如果父母追求完美，常常反应过度、控制欲强，孩子无论是否有天赋，都会说谎。说谎话并非在回应父母的愤怒，也非严重后果。和所有的孩子一样，这些孩子需要在安全感的帮助下，优雅轻松地走出这个危险地段，进入他自己与真话的关系之中。

当孩子说谎时，父母往往非常不舒服、深感沮丧。要提醒自己，这是人类发展的一部分，你和孩子是可以改变这种动态的。我琢磨出一套直截了当的办法，可以帮助父母和孩子改变这种倾向。

第一，要记住，在某种程度上，有天赋和双重或多重特殊资优的儿童、青少年和成年人倾向于在其教育、工作和社会环境的不同部分隐藏自己的某部分，以便更好地适应外界。这实际是他们没有活在自己真实世界里的一个方面。因此，一个不那么重要的关于刷牙的谎言是为了避免父母的反对，而不是为了反抗父母。

第二，重要的是，要帮助孩子认识到说谎是成长的一部分，是做人的一部分，也是你比别人领先几步或领先许多步的天赋的一部分。向孩子说明，在他准备好说真话后，你会帮助他一起渡过难关，不过，你要等到他为改变这种局面做好准备再开始。

第三，你还需要在孩子确立与真话的关系中保持原始状态，以便在这个过程中与孩子保持可信度。连你自己都没有做过的改变，不能指望孩子去做。所以，不要再用善意的小谎言来逃避社会承诺或挂断电话。如果你想让诚实成为孩子的处事原则，就要以身作则。如果你生活在一个更大的谎言中——例如对自己不真实，与酗酒或其他成瘾行为作斗争——我建议，别带任何批判地去寻求支持，来解决这个问题。在你自己做到诚实之前，你的孩子不可能轻易摆脱谎言。

第四，你要做好准备，从孩子那里把真话听进去。有时，真话可能很难听得进去，特别是当孩子指出一些你可能不愿意在你的家庭或自己身上看到的事情。

第五，当孩子准备好不再说谎时，你需要就此进行一次私人谈话。在我的办公室是这样进行讨论、制定协议的：

- 如果孩子承诺说真话，无论是当时还是事后，你要保证永远不会反应过度。
- 你要对孩子说真话所需要的勇气做出承诺，承诺帮助他解决问题，特别是关于你自身的那部分问题。
- 如果谎言涉及一些可怕的事情或与安全有关的事情，要向孩子说明你保留离开去平心静气的权利。遵守你的承诺，不要反应过度，但强调这一点并不意味着在某些时候不会对孩子造成后果。

- 孩子还要承诺，他想说谎时会让你知道。或者，在撒了一个小谎后，他承诺会在之后跟你说实话。用简单的短语来表达，例如：我现在想对你说谎，或者，昨天我撒了个小谎，我想告诉你。再次强调，当孩子采取这一步时，你不要反应过度。相反，要承认孩子的勇气与诚实，然后和孩子讨论问题。
- 努力理解你在孩子说谎决定中所扮演的角色，可能包括要求孩子做出某种行为或回应，孩子过去经历过你的过度反应，或经历过你的完美主义。
- 允许孩子私下与你和父母中的另一位一起做这件事。向兄弟姐妹或大家庭公开，则可能让孩子感到尴尬。

与完美主义协同作战

正如我们在第二章中讨论的，完美主义助我们走向卓越，但它也可能是一种削弱天才儿童、青少年和成年人的力量。

完美主义很有可能成为你家的持续性话题。你不能要求天才孩子放弃有问题的完美主义，但可以支持孩子，从而减轻完美主义可能造成的破坏。以下是我的一些想法和策略。

在你家里营造“犯错文化”

这有助于将犯错正常化，抵消完美主义所带来的残酷一面。让孩子看到、听到你犯的普通错误。你只需要大声、善意地对自己或他人说出你平常犯的错误就可以了。和你的孩子或你教的孩子或向你咨询的孩子一起，实时或在事情发生不久后就这样做。如果你在养育孩子的过程中犯了错误，比如反应过度或做了一个糟糕的决定，你就承认错误，给孩子一个真诚的道歉。列出你把事情搞砸的地方，并说出细节，以此向孩子展示如何诚实、友善地处理好生活中的这部分问题。

完美主义并不完美

把犯错当成学习的机会。研究、谈论那些如果没有犯错就不可能成功的发现、创新和成就。请家人或朋友讲一个让他们走向成功的错误。

讨论“一切都必须完美”的想法中可能出现的缺陷。我建议，你们平常就轻轻松松聊起这个话题，而不要只在完美主义发作之后才有所涉及。

学会设定现实的目标

这是一个艰难的过程，特别是如果你是目标设定者，而你的孩子对此不感兴趣。你看到了益处，但孩子没有——

尤其是当目标是你想要的而不是孩子想要的时候。

你最好的机会是在一个中立的平静的时刻——也许是早餐时间，让孩子知道，在某些时候帮他设定学习目标是你的责任，尽管你知道这可能并不是他的兴趣所在。

接下来，密切留意孩子自己的渴望。可能是他希望掌握、学习、获得或购买的东西。反馈给孩子，你早就听说了他的愿望，愿意帮他想出下一步计划。不管怎样，你们打算坐下来一起提出意见和规划实现这一目标的路径。在这场对话中，诚实而直接地讨论可能会成为阻碍这一目标实现的因素，而孩子想要做的事情也许会降低目标实现的可能性。

拟订计划和目标是很有帮助的。你也可以为此目的使用日历来测量时间。

我发自内心地告诫你，不要强迫孩子经历这个过程。如果你尝试了但没有成功，让孩子知道你可以在其他时候通过另一件事再次进行尝试。留意并去寻找其他机会吧。

过程胜过结果

当孩子试图完成任何事情时，无论大小，你要积极回应你所看到的。你使用的言语要认可孩子的努力，而非针对结果。例如，当孩子试图打开一个罐子而没有成功时，你要说："查理，你真的努力去打开那个罐子了。"这会把孩子可能认为的失败转变成他们要去经历的经验，让孩子懂得尊重努力和过程。每当看到孩子进行尝试的时候，你都要这样做。你要抵制代替孩子完成任务的冲动，这将有助于孩子自我效能感的发展，并增强我们将在第五章进一步讨论的内在动机。

另外，不要急着帮孩子完成任务，即使那样做会节省时间。允许孩子去尝试，并告诉他这一点。如果孩子需要你的帮助，让他直接来请求你，然后，你要先认可孩子的努力："谢谢你，查理，你问出了你所需要的东西。"建议你在孩子请求他需要什么的时候使用这句话。这样一来，孩子就会有代入感，同时能帮助孩子发展自我主张的技能，我们将在第七章对此做进一步讨论。

对孩子的作品无须解读或评价

当一个小孩子向我们展示他的艺术作品时，作为成年人，我们通常会直接解读我们所看到的。这对任何孩子都没有帮助，对天才儿童尤其如此。当孩子向我们展示其作品——

艺术作品、书面作品，或者其他形式的作品时——可以让孩子来跟我们聊一聊。我们要问一些能得到反馈的问题，比如：

你创作了什么？

你是怎么选择这个主题的，你是怎样处理这个主题的？

你是怎么决定用这些颜色的？

这件作品的哪个部分让你感到惊讶？

完成这件作品的哪个部分对你来说最困难？你是如何克服的？

仔细倾听孩子的回答，如果可能，一字不差地复述你所听到的内容。这些交流将加深你和孩子之间的关系，并加强孩子对自己及自身价值的认识。在这个层面上的反馈，也给完美主义和外部动机的负面影响提供了一丝缓解的机会，我们将在第五章中对此做进一步讨论。

三角关系

三角关系是鲍恩在 1966 年提出的，这一模式可能发生在家庭里，是一种不健康的心理和沟通动态。那些父母自我分化程度低的家庭中，特别容易创造这种动态。从本质上讲，这是两个家庭成员联合起来，排斥或让第三个家庭成员充当替罪羊，后者可能会在家庭体系中发挥缓解紧张的作用。例如，如果父母之间关系紧张，孩子的需求就有可能成为父母一方或双方的焦点，从而减轻压力或重整父母关系，但最终，这可能会给每个人带来更大的痛苦和压力。在一个家庭系统中可以有多个三角关系。

当一个家庭内有强烈的冲突、刺激和其他因素（如成瘾）的情况下，卡普曼戏剧三角就是一个很容易理解的概念。三角形的每个点都有一个角色：受害者、拯救者和迫害者，家庭成员围绕这三个位置转换。通常情况下，一个人会觉得受到某个家庭成员（迫害者）的伤害，于是接触第三个家庭成员，以寻求一个可以倾诉或能对抗迫害者的拯救者。这些角色将根据家庭成员的情感、冲突、刺激和意识能力，在家庭中被轮流扮演。

在我看来，有完美主义天赋的人容易受到一种模式的影响，即扮演拯救者的角色，因为他们善于解决问题，而且不想被视为迫害者或受害者。但在三角关系中，如果我们从这一点开始干预，最终会进一步剥夺受害者的权力，从而扮演迫害者的角色。

打破这种恶性循环的一个办法是，让受害者直接向他们所认为的迫害者表达自己的顾虑。这可以帮助他们练习他们想说的话。然而，如果存在安全问题，就必须努力确保每个人的安全，因此这可能不是最佳行动方案。

还有一个你可以采取的实际步骤，观察三角关系如何在你的家庭、工作和社会生活的其他领域出现，并带着这方面的意识，走出动态困境。

反馈是有效的育儿工具

我注意到，许多育儿要求（如安全方面的指导）让父母处于一种境地：他们要不断地监控、质疑、评估孩子生活的各个组成部分，比如学业、发展、运动和其他有竞争性的追求、行为、娱乐、电子产品的使用、情绪健康、社交和友谊。这些都是重要的领域，但就像老师为了让学生准备好考试而失去了发挥创造力的时间一样（见第六章），父母为了让孩子在文化中不断进步，也失去了与孩子相处的时间、空间和关系。

我建议用反馈工具收回你与孩子之间的时间和空间。当我们处理完工作和家务，有空闲去处理孩子的事情时，很容易直接跳到解决问题的步骤，忽略中间的过程。反馈为我们提供了另一种选择，让我们可以融入对话和体验之中，从长远来看，这能加深与孩子之间的联系与关系。反馈是打开与孩子交流大门的关键。这是一座你现在就可以架起的桥，到孩子青少年和成年早期时依然存在，那时，他会更加独立，但仍然需要一个反馈的关卡。

我最喜欢教给父母的反馈方法是受到伯纳德和路易丝·格尔尼作品的启发，他们开发了“亲子游戏辅导”。这种方法引导父母以一种反馈的方式与孩子互动，类似于孩子与以儿童为中心的治疗师进行游戏会议。父母要学习在游戏中跟随孩子的引导（这也是有结构的），去掌握如何发展与孩子的关系。在这个简单的过程中，随着孩子被更充分地看到和听到，父母的关注行为往往会转移或消失。

当对孩子进行反馈时，孩子可以清楚地辨别出我们在听他说话，在看着他，本质上是在跟踪或跟随他的引领。你不一定要和孩子一起玩耍，才能跟随他的引领并对其进行反馈。其实你在日常生活和日常关系交流中就可以做到这一点。而且根据我的经验，这样做的结果常常既神奇又富有启发。对父母来说，最困难的是转换到这种状态中来，知道该说什么，该怎么说，这对于总是向孩子提问的父母来说尤其困难，因为他们一直把问答作为沟通的主要途径。一开始，你，甚至连同孩子，可能会觉得这个办法有“结束感”、不真实，但请坚持下去，找到你们自己的方式。如果孩子问起，你可以让他知道你在尝试新的东西。

我认为有两种反馈方式，即内容反馈和情感反馈，可以供父母学习并提供给孩子。

内容反馈

在内容反馈中，你跟踪孩子在做什么或说什么，并将其反馈给孩子，要么逐字逐句，要么以摘要的形式。就这么简单。

下面是逐字逐句的例子：

“我太饿了，需要吃点儿零食。”

“你太饿了，需要吃点儿零食。”

"那不公平。"

"那不公平。"

"轮到我了。"

"轮到你了。"

"我不喜欢数学。"

"你不喜欢数学。"

"我希望我们养一只小狗。"

"你希望我们养一只小狗。"

看出这有多简单了吗？但又具有挑战性，因为你不能直接说你打包了一份完美至极的外卖，也不能直接说你赞同某种情况的公平性，别直接说出他不爱数学并非实情，也别直接说为什么你家不能养小狗。

下面再举一个例子：

“我讨厌学校，我们从不做新鲜的事情。”

“你讨厌学校，你从来没有做过新鲜的事情。”

注意这个例子，看看你是否想要这么说，比如：

“哦，不是那么回事。”

“你夸大其词了吧。”

“我明天可以找你的老师谈谈。”

“跟我说说吧，我对工作大部分时间也是这种感觉。”

“但是你爱你的老师。”

下面还有几个是内容反馈总结的例子：

“萨拉，我注意到你放学后上车的时候很安静。”

“查理，看来为了向弟弟解释这个想法，你试了好几种方法。”

“萨拉，你似乎很仔细地选择了想在这个项目里使用的材料。”

“查理，你看到邻居家的狗走过的时候，我注意到你跳了起来，跑到外面跟它打招呼。”

“萨拉，看起来你和朋友今天在放学回家的路上没什么可聊的了。”

作为父母，你的任务是让一切顺利推进，向问题和解决方案前进是自然而然的事情。

通过反馈，让孩子知道你看到了他，听到了他。此外，你为孩子的理解打开了更宽敞的大门，这最终会带来对话，同时，促使解决方案的出现。

情感反馈

第二种反馈是情感反馈，是通过猜测孩子的感受来完成的。我发现最好的方法是猜测孩子的感受，而不是告诉孩子他的感受如何。当我们以这种方式进行反馈时，是在帮助孩子理清他的情感词汇和经验，尊重他的内心世界。下面有几个例子：

“查理，我猜，和奶奶说再见后，你在回家的路上会感到难过。”

“萨拉，当你发现你没有被邀请参加她的生日派对时，我猜你会感到伤心、不解，甚至愤怒。”

正如在最后的例子中所强调的那样，当孩子在经历艰难时刻的时候，反馈有时是我们唯一能做的，这让孩子知道我们正在努力理解他。此外，这种办法温和地表明，我们与孩子在一起，而不是试图去淡化或分散孩子的深层情感。

如果孩子在你反馈后没有回应你，也没关系。刚开始这么做的时候，可能需要一些时间。等待的益处是，孩子开始弄清自己的感受和经历。让孩子纠正你的反馈，要知道，这将会长期性地加深你们之间的关系，这是特别重要的基础工作，在孩子进入青少年时期会大有裨益。

这个沟通工具起初会让人感到尴尬和做作。我们在这个水平上进行跟踪，大声说出观察结果，对我们来说（但对孩子不是）显得笨得要命。但我可以向你保证，一旦你在这个过程中找到了自己的方式，孩子将会在更高层次上体验你对他们的见证。如果孩子知道你的第一回应不是进一步询问、过度反应、提出反对意见或解决问题，而是简单地确认你在场，他会更乐意与你分享。

找到平静

有天赋的人往往活在自己的思维里，如果他们有同理心的话，还有一丝活在缥缈之中。根据我的经验，这个特征加上敏感性和强烈的情感，实际可以把他们带出自己的身体，留下一种轻飘飘的感觉。这种无根的感觉会造成包括焦虑在内的情感困扰。通过冥想来平静神经系统是有帮助的，但向孩子和家人介绍这个方法时，你需要有敏锐的洞察力。有很多方法和路径可供尝试，毕竟对于一些聪明人来说，冥想会让他们感到迷失方向，也许会让他们更加痛苦。

父母的自我照顾

养育一个天才孩子可能会让人精疲力尽，所以自我照顾至关重要。这对不同的人有不同的意义，但从本质上讲，自我照顾就是找到更好的照顾自己的方法，这样你就能在阳光明媚的日子里过上充满活力的生活，在雨天过上稳定踏实的生活。

当然，营养、睡眠、锻炼、有意义的社会关系都很重要，只是你可能会发现你所需要的不止这些。发现并培养你自己的兴趣是很重要的，就像培养孩子的兴趣一样。

致力于你喜欢的工作也会很有帮助，还可以培养与专业人士的关系，他们可以帮你实现自我照顾方面的目标，比如身体锻炼、咨询和指导。

与其他天才孩子的父母建立联系可以让你看到自己并不孤独。有许多面对面、免费在线等低成本的机会，去和其他家长建立联系吧。

养育高需求的孩子可能会影响到任何稳固的父母关系，但如果具备幽默感，你就有可能在这种动态关系中创造意识、再续力量。

决定让谁进入你的生活也很重要。有同理心的人有时会发现，很多朋友会令自己精疲力竭。如果你处于这个位置，你就有可能消耗更多的精力。

制订一个计划，尽可能经常给自己的内向或外向天性充电。

第四章 家庭的好习惯让孩子学有所成

家长们来我的咨询办公室主要有几个原因，其中一个就是家庭内部以及亲子关系不和谐。我们在上一章探讨了天才家庭常见的动态，以及在那些情况下如何帮助你和你的孩子。

本章将更深入地探讨如何为天才家庭打下基础，以抵御大多数风暴。我们将特别关注沟通技巧与实践。

说出你想要的

在上一章我们简要提过，鼓励孩子直接说出他需要的东西，这个办法简单易行，并能为天才儿童打下很好的基础，让他体验到自己是有效的自我主张者。

父母，尤其是第一次做父母的完美主义者，经常很难站在一边袖手旁观，去让有能力的孩子直接要求自己所需要的。孩子最开始完全依赖父母来满足需求，这种模式削弱了他为自己解决问题或直接提出自己需要什么的能力。之后，孩子会通过间接的方式去寻求他所需要的东西，这可能会转化为行为问题，如偷偷摸摸、撒个小谎或被动的个性发展。在这种模式下，他日后会在学校面临提出主张的困难，甚至到了青少年时期，会面临个人安全方面的挑战。

以下是你可以实践的方法：当孩子提出他的需求或渴望时，无论这个需求有多小，无论你的回答是什么，先说：

“感谢你提出了自己的需求。”

这种反应会让孩子知道你在听他讲话，你欣赏他的自主或天生的独立倾向。采取这样的步骤，听取这样的反馈，对孩子的发展非常重要。

如果孩子不能直接提出他的需求，那就先帮助他。观察孩子暗示的线索，看看他需要什么，此时你要用满足孩子需求的行为作为回应，而不是说：

“查理，看起来你是想让我帮你找房间的钥匙。只要你开口说：‘妈妈，你能帮我找找房间的钥匙吗？’妈妈就会很乐意帮助你。”

父母正确沟通基本原则：什么不该说，如何不去说

经过二十多年的家庭咨询，通过一些具有挑战性的问题，我已经看到了哪些沟通有效，哪些沟通无效。这里有一些指导方针可以引导你和孩子进行有意义的交流，远离无益甚至有害的对话。

把所有的讽刺换成亲切的幽默；开玩笑不要带有刻薄语气，不应以孩子为代价。如果你做不到这一点，那就放弃讽刺。

在孩子面前，或在孩子能够听得到的范围内，不要说孩子、伴侣和任何家庭成员的坏话。如果父母分居或离异，这一点更为重要。

不要对孩子说谎。如果出于某种原因，不能和孩子讨论某件事的细节，那就用大而化之的方式告诉孩子：查理，

我愿意回答你的问题，但现在不能。这个问题很复杂（或者你年纪还不够，或者这是成年人的问题，等等），等到能和你分享的时候，我会告诉你的。

和孩子谈话时请关掉手机，不看手机、不回复短信或邮件。

如果你很生气，那就直接说出你的情绪，告诉孩子你需要一点时间调整情绪。但要尽快回到对话中来。

如无特殊情况，不要推迟或回避谈话。如果你已经暗示现在不是谈话的好时机，那要确保尽快回来，把谈话继续下去。

如果孩子向你寻求信任而你不能信守诺言，就不要答应。相反，你可以说：莎拉，我不能保证。我可能需要把你对我分享的事情告诉爸爸。

如果你需要道歉，那就道歉。不要为你的行为找说辞，不要找借口。

孩子在某件事上挣扎时，用比较的方式谈论你自己的挣扎并无帮助。比如，你觉得这件事很糟糕，那听听发生在我身上的事。你对成绩感到失望，你能想象我的感受吗？

当你对孩子做出反馈时，允许孩子不立即回应或者根本不回应。

在与孩子进行艰难或重要的谈话时，不要饮酒，不要使用任何有害物质。或者向孩子请求在第二天头脑清醒的时候再说。

不要责备：如果你上车前不耽误那么长时间，这件事就不会发生在我们身上。

不要羞辱：你都多大了，连这都不知道。

不要在朋友、兄弟姐妹、大家庭、邻居、老师、教练、其他父母面前以及在公共场合训斥你的孩子。如果事关安全，比如孩子跑过一条繁忙的街道，你出于担心而公开做出过度反应，一旦回到家就要平静下来，向孩子解释你的恐惧与担心。

接受孩子的感受并做出反馈。不要要求孩子摆脱愤怒、挫折、固执等诸如此类的情绪。

如果你的婚姻关系或合伙关系正处于挣扎之中，不要用孩子作为替代性情感支撑或其他需求的替代品。

如果孩子的想法或兴趣与你的不一样，不要忽视孩子的观点。

不要代表孩子说话。

不要认为沉默意味着没有回应。问问孩子是否需要更多的时间整理他的想法。

不要要求孩子在谈话过程中直视你的眼睛，认为这样才表示尊重或证明他们在听，尤其是男孩。即便不这样做，他们也可能确实在听。

在与孩子或伴侣发生具有挑战性的事情时，不要拉第三人进来产生三角关系。直接去和与你有冲突的人进行对话。

在具有挑战的环境和对话中，留意出生顺序。例如，如果你是家里最小的孩子，当最大的孩子排斥最小的孩子时，你可能会被激怒。要判断并分清这类投射。

如前所述，了解隐藏在你愤怒之下的感受，这样你就能更准确地评估自己的情绪，展开更有意义的对话。随着时间的推移，这也会帮助你的孩子更好地表达他的感受。

鼓励，而非表扬你的孩子

当父母鼓励孩子时，传递出的信息是，他们看到了孩子的具体努力和进步，无论输赢，都要一如既往地支持孩子。

通过鼓励，我们可以为孩子提供支持，加强孩子内在动机的发展，帮助孩子树立自尊、培养健康的冒险行为。鼓励也可以让孩子远离对认可的强烈需求。

父母表扬孩子所传递的外部认可或判断信息时，针对的是令他们满意的行为和结果。接受表扬的感觉很不错，于是孩子可能会专注于通过这种方式获得父母的认可。当这种情况发生时，孩子发展内在动机的能力就会减弱，对被认可的需求就会增强。对于追求完美主义的天才儿童来说，这是特别困难的处境。

一旦你学会并实践了上述差异，就会开始注意到表扬在我们的文化和教育体系中是多么普遍。这是一个非常重要的方面，作为父母需要去理解，但可能会产生困惑。我们为什么不想表扬孩子呢？当我们这样做的时候，会让孩子去寻求外界的认可，这可能会削弱孩子的发展。对于追求完美主义的孩子来说尤其如此。像“干得漂亮”这样的赞美之词也没有给孩子提供足够的空间去明白他付出了多大的努力，取得了多大的进步。

相反，当我们鼓励孩子时，可以让我们将自己注意到的事情表述得更具体，这对孩子来说更有意义，也减少了我们作为外部认可的比重。例如，对于一个正在学习游泳的孩子，你可以说说看到孩子怎样努力学习每一种划水和踢腿动作；看到孩子第一次跳进泳池深处需要做多少准备，需要多大的勇气。我们在进行表扬的时候，直接切掉了理性鼓励所带来的益处，并让孩子对我们的认可产生依赖，这种依赖在日后很难厘清。

像这样的话语可被视作鼓励：

- 我注意到，你为了弄清这一点，花了很长时间。
- 我注意到，这是你经过深思熟虑所做出的选择。
- 我看见你想方设法解决了这个麻烦，并做了道歉。
- 你本可以放弃，但你坚持不懈、不断尝试。

下面这样的说法就是表扬：

- 干得漂亮。
- 不错。
- 你成功了。
- 我喜欢你写作业的样子。
- 你照我说的做了，乖孩子。

能看出并感觉到不同吗？当我们通过鼓励来支持天才孩子的内在努力，我们就解放了孩子，使其更好地学习，与世界互动，减少其对失败的恐惧。这将加强孩子的自我意识，提高孩子的自然驱动力，即让孩子学会通过自身，在这个世界上走好人生旅途。

当表扬而不是鼓励有天赋的孩子时，我们就把孩子置于危险之中了，因为我们削弱了孩子自我激励能力的发展，让他依赖于外界的认可。这样的孩子可能会在青少年和成年初期遭受很大的痛苦，因为他还没有为自己而活，并且会继续寻求外部的认可。

当然，在庆祝和赶时间的时候给予表扬是可以的，但你需要回过头来反馈孩子的努力。例如，孩子赢得了拼字比赛或单板滑雪比赛，或者骑自行车首次不用辅助轮，在那个激动的时刻，你很可能只有时间说些表扬的话——这没有问题。其后你可以通过反馈，强调你所注意到的孩子的注意力、动机、练习、毅力，甚至是尝试的勇气，将那时那刻表扬的兴奋落于实处。

不要把父母的责任转嫁给孩子

有时，天才孩子希望负责家庭事务，包括管教年幼的弟弟妹妹。这很自然，也可能是父母要求大一点的孩子来监督小一点的孩子，尤其是父母感到压力很大时，会指望一个成熟的哥哥姐姐给他们喘口气的空间。

如果这种情况发生在你家，建议你尽快纠正。为自己寻求育儿或咨询支持，并与孩子沟通。身为父母，监督和指导每一个孩子是你的责任，而不是孩子的。当他和兄弟姐妹讨论自己的沮丧时，你可以随时予以帮助。你要了解身为父母所需关注和解决的问题。

这种动态存在的时间将决定其转变的难度。根据我的经验，如果这个问题得不到解决，任其持续发展下去，在学校就会出现家庭版的情况：老师要求有天赋的学生把自己的学习放在一边，去帮助其他同学，而其他同学最终还是会怨恨他。童年是短暂的，影响却是终身的。我们不希望天才孩子错过成为孩子的机会，也不希望这种动态破坏兄弟姐妹之间的关系。

我并不是说孩子在家里没有发言权或没有责任。作为家庭的一员，尊重天才儿童的经历和想法很重要。我也不是在建议父母需要用独裁主义或惩罚性的方式来治理家庭。重要的是，要让有天赋的孩子觉得，他生活在一个既安全又可预测的家庭结构中，他可以依靠这个家庭结构去发展、去成长。

制定并遵守家庭规则

一旦你和伴侣决定共同抚养孩子，在适当的地方设置一些规则是有帮助的。最好是和孩子一起制定规则和结果，这样每个人都有机会进行反思、参与讨论。

让这个过程保持简单很重要。设定上百条规则会压倒所有人，并破坏目标，同时还会导致潜在的规则漏洞，最终为身为父母的你增加负担。

倘若是横跨两个家庭的家庭，如果两个家庭的规则大体相同——尽管有些不同，你的孩子也将受益。根据我的培训和经验，我知道你只需要两到三条规则。

1. 在这个家里，是父母负责。

我来从健康和安全的角度谈谈这个问题。例如，父母设定安全参数，并在孩子的成长过程中一直这样做，同时讨论如何去做，父母才不会独断专行，孩子们也有重要的发言权。但不管怎么说，父母都要对每个人的安全负责。

2. 在这个家里，我们互相尊重，彼此善待。

再来谈谈尊重和友善对于每个家庭成员的意义。每个家庭成员都需要感受到自己在家里受到尊重，被温柔以待，并承诺以这种方式对待家中的每个人。例如，如果 8 岁的孩子要求 4 岁的孩子离开他的房间，你要向更小的孩子说清楚，并支持 8 岁的孩子。

3. 在这个家里，我们每个人都有责任。

这条规则不是必选项，但基本涵盖了为家庭的更大利益个人需要完成的任何事情。像工作、家庭作业、家务、照顾宠物等责任都属于这条规则之下。如果孩子们有家务，我建议你单独列一张家务清单并张贴出来。

如何让规则和结果发挥作用

要开始这个过程，需要召开家庭会议（在下一节将对此做详细介绍）。

准备美术用品，让孩子根据之前的三条规则画一张简单的规则表。在我的办公室里，我们把规则栏放在一张标准打印纸的左边，结果栏放在右边。在制作图表时，不要担心拼写错误，不要在意表格凌乱。如果孩子愿意，就让孩子在这部分起主导作用。明确这些规则适用于每个家庭成员，包括父母。如果要记住每个人需要什么从而让大家感到被尊重，或每个人如何定义善良，就为每个家庭成员创建一个附加列表，在规则旁边列出来，包括“不要辱骂”这样的提醒。让孩子帮忙决定应该挂在家中什么位置，要在一个专用的地方。在这个过程中，让你的天才孩子成为合作者很重要。

接下来，你必须决定违反规则的两组后果：一组是给孩子的，另一组是给父母的。根据我的经验，孩子们最希望的结果是父母能做出有意义的道歉，再加上更多的共处时间——比如在一周里，每个晚上一起阅读的时间多加一小时。此外，孩子们会对自己做出适当的后果规定，通常是减少使用电子设备这类。如果你或你的孩子发现很难共同提出后果，你当然可以带头列出来。不过那样的话，那些后果很可能不被孩子重视，不被他们采纳。

培养孩子参与其中的一个方法是给他们足够的时间来思考这个后果。也许第一次家庭会议只是简单地确定了前两条规则，表示出对每个家庭成员尊重和友好的样子。接着，在大概一周之后，安排第二次会议来讨论后果。这可能需要时间。制定家庭规则不是权宜之计，它会成为你们家庭文化的一部分，因此，花时间认真开启这个过程吧。

最后一句建议：不要用不必要的威胁来强制或引导你想要的结果。例如，你的家人被邀请去参加一个婚礼，你的孩子不喜欢打领带或穿着扎人的衣服（对他们来说），那就停下。与其威胁孩子违反自己参与制定的家庭规则就要承担后果，不如和他们好好谈谈。在这种情况下得到的反馈很可能会促使你以后提前计划，让孩子在类似情况下感到舒适。例如，扎人的衣服带来的不适感，可能是儿科职业治疗评估的一项指标。

召开固定的家庭会议

我建议组织召开固定的家庭会议，创建一种可爱又有趣的形式，并遵循一个可预测的议程。我认为每周例会最好。每个家庭成员都有机会分享家庭中适合他和不适合他的事情，然后集思广益，一起迎接挑战。

搭配美味的零食，利用这段时间形成美妙的家庭传统，比如：

- 背诵一首喜欢的诗。
- 伴着家人最爱的歌曲举行一场单曲舞会。
- 每周展示一组家庭老照片。
- 组建欣赏圈，每个人都聊聊欣赏其他家庭成员的事情。
- 轮流感谢为彼此、为家庭幸福做出贡献的家庭成员。

- 对家庭成员为实现自己设定的目标所取得的进步或付出的努力给予肯定。

你们可以花点儿时间讨论一些特别的计划，比如家庭游戏之夜的菜单、夏季旅行或者为即将到来的家庭生日做准备。也可以就本周发生的事情，做进一步的讨论。

强烈警告，不要把这种家庭关系变成孩子要经历的惩罚、训诫，不要抱怨孩子的行为。这是沟通的好时机，让家庭成员彼此之间变得更加和谐，在一起相互支持。如果你想利用家庭会议的时间制定家庭规则，建议你等到有了很多美妙的会议经历之后再采取这一步。

就像工作会议一样，你可以创建一个简单的议程，让家庭会议成为一项家庭传统。

参见下面的示例。

家庭会议时间表

今晚的小吃菜单：苹果和无麸质巧克力曲奇

第一要务	分享并讨论今晚的旧时全家福
我们家现在最适合做什么?	每个成员都可以为这部分添加内容，比如： ◇上学前一晚收拾好书包。 ◇在家庭餐中加入新的素食。 ◇每个人晚饭前都要洗手。 ◇一起给爷爷奶奶准备周年惊喜。
我们家现在有什么问题?	◇按时给新来的狗狗喂食。 （让我们在手机上设置提醒吧） ◇每个人都需要同时使用电脑。 （设立晚间学习时间表）
其他事项	◇为新邻居烘焙小蛋糕。 ◇计划全家去美术馆参观。 ◇以感谢环节作为结束。

第五章 点燃动机和冲突解决

天才儿童的父母面临两个常见的挑战：动机与情绪问题、情感爆发。尽管本章给出一些见解和策略，但如果你仍在挣扎，强烈建议你重温第三章，因为我们在那里深入探讨了一些核心问题，那些问题可能会通过本章讨论的行为表现出来。

支持天才孩子健康动机的发展将会有回报。在孩子小时候进行，他会更快乐，更专注于能带来满足感的兴趣。等孩子长大后，他会有更好的自我理解能力，并具有在更自主的学习和工作环境中取得成功的能力。

了解孩子的动机基础

以我的经验来看，父母对孩子的动机总是感到困惑。父母希望天才孩子在生活里取得成功，但直觉上也感受到完美主义的代价，感受到高成就对孩子的沉重影响。进一步加剧这种紧张的是，当孩子成绩不佳，或被教育者认为功课成绩低于其潜力时，父母似乎就失去了动力。

无论是否有天赋，人类的动机主要有两个方向：内在的和外在的。了解孩子目前的动机对帮助他的成长至关重要。

动机的两种类型

内在动机

内在动机是来自我们内心的动机，推动我们走向想要创造的生活、想要拥有的经历、想要探索的知识，以及我们有兴趣去追求的成就。

被内在激励的个体会朝着能获得外部认可的目标去努力，但认可本身通常不会驱动内在动机。相反，推动孩子前进的可能是学习新的知识或掌握一项新技能。根据我的经验，当天才儿童觉得自己的身份和对自己重要的事情被接受时，他们可以在自由追求的过程中不受评判或批评时，更容易从内在动机出发去努力。

外在动机

外在动机被自我之外的东西所激励。对孩子来说，这些外部激励因素通常是与行为和表现相关的奖励和惩罚。阿尔菲·科恩简述了学校和父母的奖惩对动机所产生的负面影响，很多奖惩削弱了孩子的自尊和发展以及亲子关系。

被外在激励的个体可能还要考虑到实现目标的强烈需

求，或者对于失败的恐惧。有些有天赋的人对成就的需求是如此强烈，甚至以健康为代价，但矛盾的是，这样所产生的结果并不尽如人意。

当天赋异禀的年轻人变得以分数和排名等外部激励因素为导向时，一旦完成教育，需要在工作场所和其他成人活动中更加独立的时候，他们可能会面临崩溃的风险。

在文化上，我们有颁奖、认可、好成绩、晋升，但如果一个人的主要动机来自外界，那就总会存在风险。就像我们在本书中讨论的许多内容一样，这里也存在一个悖论。从表面上看，高成就似乎可以带领有天赋的孩子进入一些美妙的境地——奖励、高分、认可，这是事实。但表面之下的现实是，外部激励引起的对实现目标的强烈需求或对失败的恐惧，可能会在自尊、发展和成人技能方面给孩子造成巨大损失。

为什么会突然缺乏动机？

天赋异禀的孩子通常一开始并不缺乏学习的动机，尤其是在刚上学的时候。因此，当一个天才孩子突然发生变化的时候，家长会感到困惑和担忧。根据我的经验，天才儿童和青少年失去动机，甚至完全放弃的原因多种多样。以下是我认为他们缺乏动机最常见的原因：

- 未被诊断出，因而未被解决的双重或多重特殊资优；
- 严重的完美主义会导致成绩欠佳；
- 无意义、无趣、不相关或冗余的课堂内容；
- 教学实践或课堂文化不适合孩子；
- 课堂竞争或学校文化；
- 学校、班级或家庭使用的奖惩性方法；
- 令人无法忍受的学校内部环境；
- 由挑剔或成就卓越的父母所导致的自尊不足；
- 父母有成瘾行为，人格障碍、情绪障碍、升级的愤怒，或受虐待史（身体，情感，性），或被忽视，抑或家庭环境中的其他重大压力；
- 未解决的抑郁或焦虑；
- 他们宁愿自己失败；
- 对教育或家庭体系的愤怒；
- 父母关注分数而不是有意义的学习；
- 成功可能导致更多的压力；
- 感觉被无视，感觉自己的话未被听进去；

- 思想或兴趣没有被认真对待，教育中也没有自己感兴趣的内容；
- 认为成年人的生活或生活总体来说是徒劳的；
- 试着更好地融入同龄人；
- 幼时有天赋，导致学习技能没有在早期发展起来；
- 来自家庭的隐性压力，不想超越父母。

我支持你对照上面这些内容，看看你的孩子有多少与之相符。当然，诊断出问题只是解决方案的一部分。我们将在下一节介绍一些有帮助的前瞻性育儿策略。与学校环境和课程有关的问题也应该和孩子的教育者进行讨论。关于如何与教师和学校工作人员合作的更多信息，请参阅第七章。

预防动机问题，重新点燃动机

为了预防孩子动机减弱，可以采取几个关键步骤。幸运的是，这也可以引导天才孩子重新建立起健康的动机。根据我的经验，在儿童、青少年以后的生活里，对动机问题的预防远比试图重置动机要容易得多。

如果你想让孩子更有动力的目标是要取得成就远离失败，那我帮不了你。我提供的是一条远离高成就陷阱、远离惧怕失败的道路，让你与孩子进行更有意义的交流，加深亲子关系，让孩子的内在动机有自由呼吸、生根、发展的健康转变。

正如我经常指导的那样，你要先进行自我反省。首先，思考一下你对下面这些想法的感受：

1. 确定你的动机和成就立场。如果你或伴侣对成就有很高的需求，对失败有很高的恐惧，并受到自身之外的动力驱使，那么在真正能够帮助孩子之前，你们需要让自己在这方面成长起来。

2. 为了孩子的幸福快乐，你能容忍在主流观点看来并不完美的道路吗？

以下是一些切实可行的想法和策略。

践行鼓励和反馈，而不是奖励和惩罚

正如我们之前讨论过的，给予孩子鼓励而不是表扬，并在养育孩子的过程中学会反馈，这是至关重要的，能够促进孩子的发展并加深亲子关系。这些实践将帮助孩子培养更轻松、更自然的主动性和动机。将奖励（如贿赂、激励等）和惩罚（包括带走孩子安全感的惩罚行为）与控制行为和结果剥离开来也很重要。惩罚和奖励是育儿导向“去做与合作”的一部分，它们不会有什么效果，只会恶化结果，恶化你们的亲子关系。

这种方法并不代表你要无视那些需要解决的问题，而是要学会以非惩罚性的方式来解决这些难题，这样才能真正地帮到孩子，巩固你们的亲子关系。

不用贿赂和奖励，你依然可以给孩子惊喜，让孩子快乐，但不要把这些慷慨的姿态与他的表现、成就或良好行为联系在一起。庆祝一个重要事件，比如孩子完成了一个大项目或高中毕业当然是可以的，但不要用物质刺激孩子去完成这些里程碑。你可以认可孩子的成就，但要用反馈的方式向孩子描述你在这个过程中看到了什么，以此鼓励孩子。例如，我看到此刻，这个项目中的团队工作有多么令人沮丧，尽管你的团队没有接受你的想法，但我看到你努力表达自己的担忧，努力去沟通了。

还有一种扭转局面的方法是让孩子参与进来。当天才孩子问你是否喜欢他的作品时，不要提出你的意见，而是问问他对自己的作品感觉如何。以下是反馈的起点：

- 请孩子告诉你，他创造了什么。
- 请孩子告诉你，他作品的哪个部分对他来说是最重要或最有意义的，为什么。
- 问问孩子，他决定如何完成作品。
- 请孩子想想看，在实现目标的过程中可以有哪些不同的做法。

当你对孩子的作品提出你的想法或建设性反馈时，孩子可能会感觉受到了批评；让孩子知道你注意到了一些你想分享的东西，而孩子可能很难听得进去。因此，你需要做一些开场白。要让孩子感受到你不是想伤害他，而是想帮助他。你在评价中要做到具体、敏锐、善良。

如果你或家族中的其他人具有高度批判性，那你就要积极地去改变这种情况。批评是没有用的，那样做会破坏亲子关系。高要求也是如此，命令同样无济于事。去反思你自己与权力的关系，去想想那种关系是如何影响你自己、你的天才孩子的，如何影响孩子的成就、影响孩子对你以及你的成就的看法。

了解兴趣，加强个性

了解孩子的主要兴趣以及他每天发生的变化，并在家里支持孩子的兴趣。努力将孩子的兴趣融入他的教育领域。如果你的天才孩子对发展技能或专注于某个内容领域没有兴趣，那就找到方法，使用一些孩子感兴趣的东西，去发展这个领域。

- 想办法与你的天才孩子分享兴趣。如果这个兴趣是你已经擅长的，那就和孩子聊聊你在投入其中之前的情况。提醒孩子，你最开始的时候，也和他现在处于同一个起点，你能理解他是否觉得这是一个挑战。提前或当场讨论孩子需要什么才能感觉舒适，让孩子跟你说一说，而不要马上投入其中。记住，你在孩子身边是为了帮助和支持他，而不是为了告诉他到底该做什么。

- 找到对你们两人而言都有挑战的事情，一起学习。要懂得，犯错是学习任何领域的一部分，允许错误出现是你和你的家庭发展的重要阶段。出了问题，或者你犯了错误，你就向孩子展示你可以怎样温柔地生活，同时可以从错误中学习。
- 和很小的孩子玩棋盘游戏或其他游戏时，我们可能会在孩子的游戏过程中，通过让孩子赢取胜利的方法去鼓励他们。有天赋的孩子在某些时候会理解这种情况，这可能会削弱他们内在的学习动机。这也为一个不守规矩的童年打下底色。虽然让孩子赢得他喜欢的游戏是出于好意，但根据我的经验，最好是和有天赋的孩子一起按照规则，公平地玩纸牌、玩棋盘游戏。要让孩子坚持不懈地练习，尤其是在玩带有机会元素的游戏时。让孩子知道，随着年龄的增长，他会玩儿得更加熟练。这是成长的一部分。当孩子克服了游戏中的挫折，赶上或领先于你时，你要承认他的进步并进行反馈。当孩子遇到挫折出现强烈情绪的时候，不妨给他讲一讲体育精神。

评估学习环境

当天才儿童处于错误的学习环境中，这个问题需要得到解决。我们将在第七章进一步讨论它。

审视你所选择的学校，如果感觉不合适，就努力找出问题所在，明确你的孩子需要什么。

如果不得不改进，那就要进行调整，就算这种调整意味着要搬出你们所在的社区学校（见第七章），你也要采取行动。

如果要聘请家教来帮孩子完成缺乏动力的领域，建议你找一个使用不同于课堂教学方法的老师。否则，你可能会成倍拉低孩子的动力。

为你的天才孩子寻找导师，特别是在他感兴趣的领域。有时，导师会用不同的方式观察孩子，协助孩子发展，同时与孩子分享其感兴趣的那个领域的知识。

正如我们在第一章所讨论的，如果一个孩子对学校的某些科目或内容领域感到困难或没有兴趣，你就要研究双重特殊资优的可能性，并考虑对孩子进行干预评估。

倾听孩子在告诉你什么

当你的天才孩子讨论他的挫折、需求和想法时，你要认真对待，并帮助孩子感受到力量。这里有几个例子，你可以采取这些方式来帮助孩子。

当天才孩子告诉我们他想自己做某件事时，他确实是那样想的。家长要允许这种情况发生。有时出于安全考虑，你需要搭把手，直到孩子的年纪足够他独立去做一些事情。

给天才孩子表达挫折的空间和自由，你要倾听并给予反馈。

如果孩子说他在学校里喜欢和谁一起学习、一起做什么，那就问问他们在校外有没有愿意一起投入的兴趣爱好，然后为孩子做出安排。

让孩子找到并创建一个能满足他需求的空间，同时考虑噪音、照明、家具和社区等方面的情况。

如果你主动提出帮助你的天才孩子完成他的功课，或者他要求你帮他完成，你首先要问问孩子什么是真正对他有帮助的，然后让孩子说一说他希望你如何干预或者不干预。仔细倾听孩子对你说的话，不要把那些话当成是针对你个人的，而要将其看作孩子的自我倡导，你要做出善意的回应。制订一个沟通计划，这样在你们一起努力的过程中，若有什么地方不顺利，孩子就有办法和你沟通了。

克服拖延的两个建议

许多有天赋的人，无论年龄大小，都有拖延倾向。如果你就是这样，那你可能会发现，自己看到孩子拖延时会特别痛苦，我有两个建议给你。

首先，在监控孩子进步方面，要考虑你与学校电子作业和成绩跟踪系统的关系。如果你有一个拖拉的孩子，每天使用这些系统会让你们处于不必要的冲突和权力斗争之中。相反，将这些系统的使用限制在每周一次——由你的孩子选择一周中的哪一天——并建立一个定期与孩子见面的方式，直接与孩子讨论他的课业负担。让孩子知道，你相信他会诚实地与你讨论这个问题，他可以相信你不会反应过度。

其次，许多天才儿童实际上会等到截止日期或极其接近最后期限的时候，才完成并提交他的作业。你的时间可以更好地花在帮助他们意识到，他们需要什么支持来改善拖延症，而不是试图改变他们的本性。

在我的实践中，我把这个建议和过程称为“家庭作业特赦”。家庭作业赦免程序要求有天赋的学生坦白自己的进度落后了，并选择一天赶上进度，同时选择他需要的其他所有帮助。我让有天赋的孩子及其父母在家庭作业特赦日之前考虑和计划的事情包括：

- 他想什么时候醒来？
- 他想怎样醒来？
- 早餐吃什么？
- 什么时候开始做功课？
- 他想在家里的什么地方做功课？
- 包括午餐在内，他的休息时间是什么时候？
- 午餐吃什么？
- 午餐和其他休息时间有多久？
- 什么时候吃零食，需要准备哪些零食？
- 他需要什么材料和用品？
- 想让家人来看望他吗？如果需要，要怎么做？
- 他什么时候能完成功课？

✦ 将如何与家人一起庆祝他完成了功课？

正如我们在前一章讨论的规则和后果，允许孩子在这个架构中扮演一个角色，这会使他更容易获得对计划的真正承诺。你的职责是协助孩子满足他们的需求，并相信孩子会坚持到底。

通过情绪爆发，找到痛苦的根源

正如到目前为止我们所回顾的，天才孩子和天才成年人一样，情绪强烈、敏感，追求完美主义，有强烈的正义感。这些性格的混合往往创造出完备的条件，让你和你的孩子极易陷入逐步升级的争吵、情绪爆发、难以应对的冲突和崩溃这类情况中。

当情绪爆发的人是你的时候，你的任务就是找出自己痛苦的根源，找到平衡的办法，和家人一起做出调整。否则，你的情绪爆发会削弱孩子的发展以及成长的能力。

大多数有天赋的人都能从咨询师那里受益，咨询师可以帮助他们在某些时候厘清自己激烈的情绪以及其他相关问题。然而，许多有天赋的成年人一直在努力寻找一位有天赋并理解天赋的临床医生，以便能够真正获得帮助。耻辱感和完美主义也使许多天才成年人远离这种对自己和孩子的帮助。诚实地反思自己是否在紧张中挣扎，如果是，那就需要寻求适当的帮助。

当你的孩子情绪爆发时，是在让你知道有地方出了问题。作为父母，你的任务是帮助孩子找到他痛苦的根源，找到让他回归自我平衡的办法，与你和家庭成员共同做出调整。

获得有效帮助的过程

希望下面的策略能提供一个起点，帮助你和孩子善意地了解情绪爆发背后的核心问题，并随着时间的推移减少爆发的频率，降低爆发的强度。根据孩子的年龄，你可能很难马上看到孩子的进步，因为多年来家庭行为模式已经形成，你们需要时间去消除这种模式。这种模式中有一部分很可能包括你自己的强烈情绪、敏感、完美主义以及童年的经历。为了让这个过程取得成效，你需要厘清这些问题。

如果父母从一个方向不断真诚地予以帮助，那么这个过程通常是有效的：

1. 当孩子陷入困境时，尽你所能不让自己陷入困境。保持冷静，别设防——记住，孩子和你在一起能丢掉戒备并感到足够安全，这是他对你的最高赞美。帮助孩子弄清楚这一点是你的责任。

2. 不要忽视你的孩子。

3. 让孩子知道，你能看到他有重要的事情想要告诉你，你想在他冷静下来准备好告诉你的时候听他说。

4. 让孩子知道你在那里，但只有在他稍微平复情绪之后，你们才可能一起去理解、倾听并解决问题。

5. 不要把孩子送走。如果他想去家里另一个房间待着，那没有问题。

6. 让孩子知道你一直牵挂着他，看看他什么时候准备好与你进行沟通和讨论。让孩子知道，他需要多久都可以，你就在那里或附近。

7. 就待在孩子身边，在他平复情绪的过程中，不断观察孩子。

8. 当你介入的时候，可以说：你准备好了吗？——还没准备好。——没关系，我会继续在这里。或者说：你准备好了？——准备好了。——太好了，我们坐下来谈谈吧。我们在哪里见？建议：准备好纸巾，几分钟两人不说话，一杯水，一个拥抱，等等。

9. 一旦走到这一步，你要认真倾听孩子的话，并对他

的烦恼予以反馈。建议你不要咄咄逼人，真诚倾听就好。

建议也让你的孩子知道，你是多么感激能和他一起讨论这些事情。提醒孩子，强烈情绪和解决冲突是人的一部分，是成长的一部分，也是天赋的一部分。你们会一起渡过难关。这将极大地帮助一个完美主义的天才儿童，特别是在他遇到令自己尴尬的事情时。

如果孩子在谈话中真心提出一些需要解决的问题，你第二天就要去做。在私密、平静的时间里把问题绕回来：我在想，我们昨天谈话时，你告诉我，感觉不公平……我要多看看。感谢你告诉我这件事。下次如果我没注意到，你能让我知道吗？

在这段回顾的时间里，你也可以向孩子反映他或者你在这方面取得的进步：莎拉，看来我们都能冷静下来，一起解决问题，并进行这些对话。

没有“坏”感觉

当天赋异禀的孩子以愤怒、悲伤或焦虑的形式向我们展示其强烈情绪时，作为父母，要保持情绪稳定是很有挑战性的。你自己那份担忧、恐惧、沮丧的强烈体验可能会被激活，你可能会感到一筹莫展、毫无准备、失去控制。

根据我的经验，在这些时刻最有用的意识是：尽管孩子表达感情的方式可能很激烈，但他在试图告诉你一些重要的事情。这种意识就像在最热的夏天喝一小口凉水，可以激发你的能量，让你以爱的方式、安全的方式，去有效地进行回应。

你需要等到孩子情绪稳定下来之后向他阐述问题的关键所在。你在等待孩子冷静的过程中，最好不要让孩子离开，因为这有可能会让孩子感觉爱在褪去，要让孩子知道，你看到他在试图告诉你一些重要的事情，你是和他在一起的，无论如何你都会在那里。

这种强烈情绪的复杂性，可能让孩子很难厘清。有些问题将显露出来，你有机会讨论并帮助孩子。但是，有些事情你必须要注意。遇到下列这些情况，你需要寻求专业的咨询：

- 极度伤心的哭泣；
- 经常远离家庭、学校、活动和朋友；

- 不断升级的愤怒；
- 身体攻击或自我伤害的行为或威胁；
- 自杀问题；
- 类似这样的言论：我恨我自己，我希望我从没出生过，我希望我已经死了；
- 睡眠、食欲、活动的变化；
- 强烈的焦虑和担忧；
- 失控的完美主义；
- 吸毒或饮酒；
- 饮食失调；
- 一种绝望感；
- 任何你觉得不对劲的地方——相信你的直觉。

虽然这些情况很难聊出来，但你必须知道。再说一遍，孩子在试图告诉你一些事情，他需要你的帮助。不要把这些问题藏起来，不要把它们归结为孩子不成熟或进入了青春期。要弄清孩子到底需要什么。

第六章 寻找真正的友谊

天赋异禀的儿童、青少年和成人都想要有意义的友谊,但要找到、建立并且维系友谊是非常具有挑战性的。研究表明,天才儿童沿着与年龄相关的发展层次而发展,对友谊的期望和理解是从简单到成熟,最终寻求深入、安全的联系。我们也知道,天才儿童会被吸引,去和其他天才儿童交朋友。

作为父母,眼睁睁地看着孩子努力挣扎着去寻找真正的友谊是深感压力的。在本章我将告诉你如何在这个过程中帮助你的天才孩子。

好友难觅

考虑到所有的异步性、复杂性和特殊的兴趣因素，你的孩子可能需要一些时间才能找到彼此都认为合拍的朋友，对于天才儿童来说尤其如此。他也许在学校或家附近就能遇到和他们一起玩的孩子，但找到真正的友谊需要时间。

根据我的经验，在等待友谊的过程中你可以鼓励孩子，但不要给孩子制造虚假的希望。例如，如果孩子开始新的学年，即使他在一个新的天才项目里，也不意味着一定会找到有意义的友谊。如果孩子还没有找到真正的朋友，你可以利用这段等待的时间和他聊一聊命运与友谊，聊一聊有时候好朋友是在看似不可能的状态下产生的。下面是一些有用的开场白：

- 讨论真诚交往的品质——和一个理解你的人在一起是什么感觉。想想你自己的童年好友，你们是如何找到彼此的。

- 聊聊好朋友的一般特征，比如尊重、善良、信任和互惠这类概念。让孩子说出他认为好朋友应该具备的品质。讨论一下你喜欢你的成年朋友身上的哪些特质，是什么让你们成了好朋友。
- 谈谈天赋的天性——包括热情、完美主义、敏感——谈谈这些天性如何影响天才之间的友谊。例如，问问孩子：如果你找到一个朋友，他和我们的家人一样很敏感，甚至比我们更敏感，怎么办？如果你的朋友过来玩，需要安静地玩耍，而你想做更活跃的事情，比如建造一座堡垒，那该怎么办？
- 讨论内向与外向，讨论孩子在友谊中可能出现的相关需求。例如，合群但内向的天才儿童在一个星期的学校生活之后需要停下来进行充电，你可以和一个外向的邻居朋友讨论如何设定友好的界限，并计划日后的游戏，如果他喜欢在每个周六早上先来问声好，然后出去玩儿的话。

为孩子找到朋友

与孩子进行关于友谊和价值观的深层次讨论对他肯定是有帮助的，但当他试图找到一个真正的朋友，等待快乐到来的过程仍然具有挑战。如果孩子在为此挣扎，这部分会给你提供一些建议，让你帮孩子找到可以联络的伙伴；当孩子找到潜在的朋友时，你可以做些什么来帮助他维系这些重要的联系。

拓宽孩子的眼界

关注当地符合孩子兴趣的项目、活动、夏令营。如果你住在一个有天才项目的地区，看看有什么是可以利用的。有许多全国性的天才暑期项目以及有趣的在线选项。和孩子谈一谈，鼓励他去尝试新的活动。对他想要追求的事物保持开放态度。有时候，天才孩子不愿意把自己的兴趣告诉父母，因为他与家庭或父母的兴趣相去甚远。

问孩子一些开放式的问题，来推进孩子的想法。

可以这样问：如果这个夏天你有机会随意学习，体验任何事情，而不用考虑价格和位置，那你会选择什么？你想去哪里？你愿意做什么？

你的天才孩子可能会告诉你，他对一些不太切实际的东西感兴趣，但在这个愿景中，你通常能找到一些可以探索的东西。例如，一个孩子如果想和他心爱的创作型歌手一起外出巡演，那你可以帮他租借键盘或吉他，还可以让他去上音乐课或参加歌曲创作工作坊。

帮助孩子建立初步联系

各个年龄段的天才，包括儿童在内，往往不喜欢闲聊或是打破僵局型的寒暄。相反，他们想直接进行更深入的对话。这可能为他们结识新朋友所迈出的第一步带来额外的挑战。

教孩子如何做自我介绍，是个有用的办法：我是查理，你叫什么名字？让孩子知道，友谊可能取决于第一次自我介绍，而其他孩子也许不知道如何介绍自己，甚至不知如何做出回应，这只是生活的一部分，未必是对你做自我介绍的反应。帮助孩子认识到这一点可能需要时间，在孩子得到回应或找到关系良好的伙伴之前，要进行多次尝试。

我在实践中受礼仪老师的启发，想出一种帮助天才孩子去理解他人的办法。普通人，甚至是内向的人，都喜欢谈论自己。他们通常只需要一两个好问题，就可以让对话继续下去。我帮孩子们设计了几个他们可以记住的问题，他们可以在与潜在的朋友初次见面之前准备好。和孩子搜集几个问题，如果有帮助，就让孩子和你一起练习，看看感觉如何。试着设计一些开放式问题，这些问题的答案不仅仅是“是”或“不是”，要提出对孩子而言重要的话题。例如：

- 你对这个夏令营/活动/课程/游戏/地方的什么感兴趣？
- 你怎么知道这么多关于活动/课程/游戏/地点的事？
- 对于你写的故事、你建造的东西、你设计的发明，你是从哪里获得那些想法的？
- 你最喜欢的图书、电影和游戏是什么？

举办一场聚会

和所有孩子一样，天才孩子在开始与朋友交往时需要你的支持。我发现邀请有天赋的孩子到家里聚会很有帮助。建议你坐下来和孩子一起计划游戏日的时间。让孩子在这个阶段参与进来，会减少事故的发生，并可以帮助孩子建立自尊，让他成为一个好主人。以下是你可能希望在计划中包括的一些事项：

- 设置日期和时间。
- 谈一谈兄弟姐妹。作为家长，你要如何阻止天才孩子的兄弟姐妹来干扰他的聚会？
- 一起制作小吃菜单，如果孩子喜欢烹饪，选择他可以提前帮忙准备的小吃。
- 设立或审查简单的活动边界、规则，包括允许孩子们玩耍的游戏区域和聚会活动区。
- 讨论主人代表了什么，聊聊客人会对哪些游戏项目感兴趣。
- 谈谈在玩耍的时候，解决冲突的办法（和朋友、兄弟姐妹）。

- 谈谈过渡时机。你会给出怎样的时间提醒，让孩子们能愉快地过渡到说再见？
- 为雨天、下雪天制作计划或推迟做出计划。
- 帮孩子了解他的朋友在日后聚会可以玩儿的游戏以及其他喜好，以此帮助孩子体验成为一个好主人的乐趣。
- 为孩子创造一种方法，以便让你知道，当出现问题时他需要你的帮助。
- 在活动结束后，迅速而充满爱心地进行总结，讨论哪些事情可行，哪些不可行，你将来会采取哪些不同的做法。利用这段时间向孩子反馈你所看到的值得赞美的事情。
- 一起跟进收尾事项，如写感谢信、搜寻遗失物、归还借来的物品等。

我建议你用同样的方法来讨论你的孩子接受邀请去朋友家玩儿的问题。你要试着预见到可以让孩子感到舒适的做法，让他成为一个好客人。再次强调，如果出现问题，孩子需要你的帮助才能早点离开，你要有办法让孩子和你联系上。对于那些可能会发现自己处于不舒服的社会环境中的年龄较大的天才青少年来说，这也是一个重要的过程。

保持联系

如果孩子在某个活动或项目中与另一个孩子建立了真正友好的联系，你可以看看那个孩子的家庭是否有兴趣让孩子们继续保持联系，即使你们生活在不同的地方，也要尽你所能保持联系。

- 通过电话和写信的形式，帮助孩子保持联系，或者在视频会议平台寻找一种安全的方式，让孩子们在线联系。
- 同样的做法也适用于孩子的好朋友搬家或者转学。确保大家交换联系方式，让孩子们保持联络。

克服来自友谊的挑战

由于天才的完美主义、强烈的公平感和正义感、与生俱来的强烈情感，当天才儿童和青少年对朋友的行为感到失望时，他们往往会离开朋友。

如果这种情况发生在你的孩子身上，你和他展开讨论可能会有帮助，看看他是否可能与这个朋友重建信任和友谊。如果是的话，为了达成这个目的，找出孩子需要什么，并帮助孩子练习向朋友说清他需要什么。例如一些简单的事情：大多数时候我喜欢做你的朋友，但是当你想要掌控我们做的每一件事时，我就觉得没意思了。当你准备好和我一起做决定时，请告诉我。和孩子谈一谈你自己在这方面的经验。

如果你的孩子仍然明确地表示要结束这段友谊，问问他是否愿意在几个月后重新考虑这个问题。问问孩子，你是否可以在一段时间后再和他讨论一次，然后，真的那样去做。生日以及季节性活动都是重新审视该问题的合理时机。

不再比肩的友谊

我在客户身上还看到天才之间友谊的一个普遍困境：由于发展的不同步，一度亲密的天才儿童或青少年发现他们在不同的时间点几乎没有共同点了。例如，两个孩子可能因为某些兴趣而在一起（如一套系列图书或流行的视频游戏），但其中一个孩子会先于另一个对这些失去兴趣。其他时候，在成熟水平上也会出现异步。

你注意到可能发生的情况后，就可以直接和孩子谈一谈。如果他需要和朋友分开，那就和他讨论一下计划。如果一个朋友正与你的孩子分开，要尊重并关注孩子可能感到的悲伤，讨论如何陪他一起度过这段时期。

你要鼓励孩子，让他知道这是成长过程中很自然的一部分，而且在日后，两个朋友有可能回到彼此身边。以我的经验来看，最好不要强行让友谊继续下去，而是让他们通过简单的方式保持联系，比如发送一张圣诞节卡片或送上一份生日祝福。你也可以利用这个机会和你的孩子讨论一些社交概念。

与异性之间的友谊

与神经典型儿童一样，年幼的天才男孩和女孩往往会成为朋友，不过这些友谊通常会保持到小学，到那时，神经典型孩子会开始按性别和性别角色分组。

对有天赋的孩子解释友谊的本真，可能会导致误解，并给他们造成压力。有天赋的男孩和女孩可能会发现，与暗恋或爱慕那些错误定位相比，彼此脱离关系更简单。

如果你的孩子处于这种情况，我建议你为孩子找到庇护，并保护他与朋友的联系。这可能意味着邀请那个孩子加入你的家庭活动，让两个孩子离开社区，远离监督，比如共进私人生日午餐，而不是邀请对方参加生日派对。

即使有你的支持，这种友谊也会在小学或初中末期逐渐消失。要让你的孩子知道，他有机会在高中或大学时期找回这种重要的友谊，以此抚慰孩子。

解决欺凌问题

欺凌对于任何孩子而言都是不幸的现实，但对敏感的天才儿童来说尤为危险。根据我的经验，那些欺凌的孩子之所以会这样，往往是因为他们的生活复杂而艰难，他们通过这种方式释放痛苦，是为了让自己感觉更强大。一般来说，人通常对他认为最安全的对象施压。当欺凌者攻击一个孩子时，往往是因为这个孩子是一个安全的目标。貌似欺凌者能判断出天才儿童潜在的敏感性。

孩子受欺凌的时间越长，打破这种动态就越困难。当与我合作的天才儿童决定解决欺凌问题，想取得成功，下面几个部分需落实到位：

第一，被欺凌的孩子需要练习用清晰、简单的方式为自己说话。我通常建议说：停。或者，我要你停下来。

有天赋的孩子经常会在停止的命令前后加上“请”字，比如，能请你停下来吗？这种语言削弱了话语中的目的性，因为它实际上给了欺凌者更大的权力。可能需要帮助你的孩子寻找和练习自己的语言。

第二，家长需要听取孩子每天放学后的新计划。改变这种动态需要几天时间，而且，情况在好转之前很可能进一步恶化。欺凌者如果没有得到与过去相同的反应，就会变得更大声、更刻薄来显示自己更强大。你应该尽一切努力厘清自己在孩子放学后的时间表，要与孩子在一起，确保他在这个时间段的安全。如果你无法做到，那就做好规划，忙完之后尽快与孩子见面。孩子在这方面需要你的帮助。

第三，教师和校方管理人员需要帮助天才儿童努力改变被欺凌的状态。最好的办法是，如果老师就在欺凌易发地附近，当天才儿童开口说话，而欺凌者继续奚落（哦，你需要我停下来，让我停下来）时，老师就可以突然介入，说：萨拉，老师很困惑，我听到查理说停下。你为什么不停下来呢？

出于安全的考虑，你还需要评估孩子何时需要额外的支持和帮助，然后才能实施改变欺凌行为的计划。在高中和网络欺凌中尤其如此。你可能需要与学校行政部门或执法部门进行讨论、做出计划。

第四，天才儿童在结束被欺凌的状态之后，往往会明白欺凌者的下一个目标是谁，这可能会给他带来巨大的痛苦，因为天才儿童可能会对下一个受害者的痛苦感到负有责任。天才儿童同样会感受到欺凌者所经受的痛苦，这就让天才儿童在某种程度上感到矛盾。这些反应是很自然的，要和你的天才孩子就这些可能性展开对话，这样他就知道，有你的支持，他不会那么孤独。

欺凌是一个非常复杂的问题，可能难以解决。我已经提出了我认为有效的建议，但你可能没有从学校获得计划成功所需要的帮助。你也可能有一个欺负别人的孩子。我建议你更深入地研究欺凌和被欺凌者的心理类型和动态。

宽恕与道歉

我们都知道虚假道歉的感觉。遗憾的是，在早期教育中，为了尽快解决冲突，家长常常要求孩子在还没准备好或解决方案出来之前就向对方道歉。当这种道歉是假装的，这就像是对一个天才孩子的第二次冒犯。相反，有天赋的孩子往往对自己非常苛刻，特别是因其情绪强烈或完美主义与他人发生冲突之后。当他们觉得自己犯了错误伤害了朋友或家人时，会挣扎着恢复过来。

教有天赋的孩子如何道歉，有意义地请求原谅，可以帮助孩子从自认为给别人造成痛苦的事件中走出来。

在我的办公室里，我用一种模型的改进版帮助天才儿童和青少年准备道歉或请求原谅，取得了很好的效果。模型包括以下组成部分：

- 当你准备好了，要准确说出你做了什么，从而需要向被你伤害过的人道歉。
- 告诉他们，你意识到了你的行为对他们造成了伤害。
- 如果你事先意识到这个行为可能会造成伤害，承认你在采取这个行为时就知道了。
- 说你很抱歉，并请求对方的原谅。

当孩子准备学习这些步骤时，你需要引导他去完成。然而，年龄较小的儿童和青少年可能仅仅在准备期间使用这些步骤，真正的道歉有时候会更简单。我建议你使用同样的模式或者其他你喜欢的模式，作为你们在家里进行道歉和原谅的模板。

解决关系困境

在这本书里，我们探索了天才家庭的关系动态和亲子关系。例如，我一直建议父母花时间进行自我反省，搞清自己的经历可能会如何影响养育过程，如何投射给孩子。

我在实践中注意到，对于有天赋的年轻人来说，去了解自己喜欢什么或不喜欢别人的什么，是很有帮助的，因为这实际上可以反映出他们自己的某些方面。

此外，三角关系也可能出现在天才之间的友谊里。这对孩子们了解自己是如何在友谊中产生这种障碍的，具有启发意义。

当你看到孩子在进行社会交往时，使用这些观察方法来接近孩子或许会让你感到不舒服。你能做的是，在你自己的关系中，认真解决同样的关系困境。例如，如果你注意到孩子有不良的竞争倾向，可能很快就会结束一次游戏约会，那就反思你自己与竞争的关系，反思你的家庭文化。

- 兄弟姐妹会为了资源、关注、爱而竞争吗？会自大自满吗？这对你的孩子、孩子与他们学校及友谊群体的互动有什么影响？
- 为了减轻孩子的负担，你自己或家庭文化中可以做出哪些改变？

你在不引起别人注意的情况下意识到这些模式，可能有助于微妙变化的发生，这种反思可能给孩子带来足够的转变空间。你也可以直接和孩子开始这些对话，特别是如果你也面临同样的问题，那么你可以说出来，然后与孩子一起努力改变。

第七章 让学校起到作用

作为天才孩子的父母，你可能会对这章最感兴趣：学校。从本章一开始就要明白，这里可不是要教你如何训练你的天才孩子成为学术巨星。相反，这里是一种指导，帮助你评估什么会对你的天才孩子有效，什么无效。前面几章讨论的见解有望对这一评估有所帮助。了解孩子的真实本性和性情，了解你在其中扮演的角色，将有助于你们在课堂上应对挑战。从长期来看，相比于情绪稳定、成绩不错、在正确环境下热爱学习的孩子，那些表现糟糕的天才学生可能更为挣扎。

如何选择合适的学校

每个家长都想为孩子找到合适的学校和教育工作者。但出于各种原因，这个愿望可能很难实现。

根据我的经验，对天才学习者而言，最佳的学校结构是以儿童为中心，以学习者为中心。以儿童为中心的准则遵循并支持每个学习者的兴趣，同时自然地加强自我发展和有意义的创造能力。以儿童为中心的设计信任儿童的本能和创造力，从而使内在动机自然产生。

由于工业化和后来的行为学派对教育和心理学的影响，这种以儿童为中心的人本主义学习法，除了一些家庭学校和独立项目使用外，几乎从社会中消失了。今天，大多数的学习集中在记忆掌握、成绩和表现上。如果你能够找到一个环境或课堂教育者，将以儿童为中心的理念融入教学实践中，那我建议为你的孩子仔细考察一番。

以下是你为孩子选择学校时应该考虑或询问的问题：

- 他们将如何让我的孩子参与其中？
- 他们对学习环境中的竞争采取什么立场？
- 孩子会被要求遵守这里的权威吗？孩子可以自由地与这里的教育者建立有意义的关系吗？
- 这所学校是如何鼓励孩子内在动机的发展的？
- 孩子的高级学习需求——包括他的能力、速度、学习方式、学习概况、兴趣、个性和异步性——每天如何进行区分并得到满足？
- 孩子的其他特殊情况或挑战每天将如何被发现、满足和支持？这个教育机构或项目会把孩子的独特之处视为优点还是缺点？
- 他们如何在学习环境中建立和维持社交情绪安全？
- 除了课本、练习册和书包外，这所学校还为我的孩子提供哪些资源？
- 要求孩子如何展示学习效果？家庭作业吗？测试吗？是否对探索其他可能更有意义的选择持开放态度？
- 在这样的环境中，孩子的高认知能力和高创造力将以何种方式得到培养与丰富？

- 在这所学校，我可以依靠什么样的过程和时间表来制定和实施孩子的高级学习和支持计划？
- 学校如何发现孩子是否萎靡不振？这个发现将如何传达给我？我们将如何解决孩子的需求得不到满足的问题？

你还需要向每一所学校询问具体的例子，以说明学校实际是如何运作的。一所学校很容易说：我们为有天赋的学生提供差异化和丰富度。你可以这样提问：您能举几个例子，说明贵校是如何跟踪一个天才学生的能力和兴趣，并利用这些来指导孩子的日常差异化和丰富度的吗？要求每所学校给出具体的例子，说明他们是如何提供你想要的东西的。不要让校方敷衍了事，要问他们具体的细节。如果他们明显不能提供你所寻求的，那你至少可以从一个明确的地方开始，及时探索、寻找不同的学校或家庭学校，安排导师或其他资源来满足你学校以外的需求。

自主学习的选择

对于有天赋的学习者来说，当特定的教师或项目不能满足他们的需求，影响了他们的学习，甚至更糟的——影响到他们的情绪健康时，居家教育或非学校教育是一个很好的选择，通常也是必要的。对于极具天赋的孩子来说尤其如此。

那些对上学感到绝望的孩子可以选择居家教育和非学校教育。这样的孩子让我们知道，上学对他们来说是无法忍受的。我们有责任去努力改变或修正对他们没有效果的做法，而最终，可以把这些转化为居家教育。

经常和孩子讨论在学校什么是有效的或无效的，来读懂孩子的幸福。倾听孩子的想法，他喜欢怎样学习，喜欢向谁学习，以及为什么学习。如果你决定居家教育，这些纵向数据对你和孩子很有帮助，可以试着去复制那些有效的经验。

在某种程度上，父母很少去设想在家教育孩子，我理解这需要很大的视角转变。然而，居家教育已经走了很长一段路，有些可行的现代发展方式值得考量。

对于我所服务的一些天才家庭，有个策略效果不错，那就是打造家校的混合体，孩子们一部分时间在传统学校学习对他们来说有意义的东西——譬如和敬爱的老师一起上科学课、和朋友一起吃午饭、上音乐课，然后回到家，在剩余的时间自行学习。

尽管要求孩子在网上学校以自我指导的方式整天学习并不现实，但为了满足孩子居家学习的需求，居家教育的家庭可以访问创造性的在线资源，去学习几乎每一门学科。在美国的不同地区都有居家教育集体，在家上学的天才和双重特殊资优孩子及其父母可以面对面或在线联系社区和指导，而父母们有时可以分摊费用。

还有一种非常成功的运动，叫作“激进的非学校教育”，它以儿童为中心，孩子只探索自己实时感兴趣的东西，家长通过检查孩子可能需要什么资源和途径来支持这一过程，以深化孩子的学习。例如，安排实地考察或寻找愿意在网上见面的、可以回答孩子问题的科学家或其他专业人士。这种模式的支持者认为，天才儿童有天生的学习动力和意愿，可以通过这一途径学习他们需要知道的内容。

我理解父母可能会对非学校教育或激进的非学校教育持怀疑态度。如果由孩子自己主导学习，你如何确保他将建立并发展他所需要的知识和技能，特别是在他不感兴趣的学科或非强项中有所发展呢？是什么阻止他整天玩电子游戏？这些都是重要的问题。作为回应，我想说的是，如果我们能为这些充满求知欲的孩子让路，他们将以各种方式寻求知识并在一定深度上进行探索，那是我们无法为他们构建的。当孩子投入自己的兴趣中时，一些自然技能的发展会在这个过程中得到加强。同时，有些技能发展和内容学习可能需要补充，以满足国家的教学标准要求，或为未来的学习做准备。同样，这也是要和你的孩子讨论的话题。比如，我们必须在这门课上增加一点写作或数学知识。我们要怎么做呢？倾听孩子的想法，一起进行头脑风暴，一起去创造吧。

即使是非学校教育的过程也有利于学习。我帮一些家庭制定过类似于准备研究提案的简单过程。在这个过程中，有天赋的孩子定期与父母开会，针对他们下一步感兴趣的东西提出他们的想法。这些由孩子主导的概述自然地发展了项目及资源规划、协作和沟通技能，可能需要数学、写作、批判性思维和科学方法。这样做，有助于培养孩子各方面的技能，让孩子在年轻、有积极性的时候更接近他们所感兴趣的东西。当孩子们发现自己想要学习的东西，或完成需要特定技能的任务时，会对自己想要发展的技能有自我意识。让孩子知道你会在他身边帮助他获得他所需要的东西。如果可能的话，在孩子感兴趣的领域里共同计划，去帮助其发展技能。在支持学习和技能发展的过程中让导师参与进来，你们将更有可能取得成功。这些方法还可以让孩子对他们想要在生活中实现的目标产生想法，而这些想法可能不是那么容易形成，对于在学校里感到挫败或有时觉得“愚蠢”的双重或多重特殊资优的孩子来说尤其如此。

并不是每个家庭都有能力在短时间内创建一所家庭学校。不过，我鼓励你对这个想法保持开放的态度，并在天才儿童的父母网站和论坛寻求初步指导。这些父母通常很乐意与新的家庭分享，并予以帮助。你还需要提前在你所在的地区查询要求遵循的家庭学校指导方针，包括如何正式过渡到家庭学校，以及如何记录和评估学习情况。我还建议你定期查阅各大学对于居家教育学生的入学申请政策，这样，你从起步阶段就在朝着这个方向努力。再说一遍，从你们社区一些家庭学校的父母那里获得资源，将有助于你理解你所要做的事情。平衡工作与可负担的家庭教育是可以实现的。如果你现在就在做这方面的功课，当你意识到有必要让孩子迅速走出困难的学习环境时，你就会准备得更充分。

请记住，居家教育不一定是一个永久性的选择，而是一个值得认真考虑和实施的选择，当存在环境或教育不匹配等因素时，这样做，可以在特定的学年帮助你的天才孩子。

与老师成功见面的技巧

与孩子的老师建立合作关系是很重要的。教育专业人士所处的时代和环境在他们的领域内面临着前所未有的极端挑战。还有学校安全、持续封闭等带来的压力。资金与绩效测试挂钩，这就要求有创造力的教师关注考试准备情况而不是学生的参与度。就在我写这篇文章的时候，与流行病相关的转变已经改变了课堂教学格局，使之转向在线教学和远程学习。重要的是，你要调整目标，要以合作、尊重的精神，加之对教育工作者的善意，来满足天才儿童的学习需求。

以下是与老师开会和开展其他对话的建议，可以充分提出你的主张，加强合作。

- 要意识到你自己在孩子这个年龄和年级的经历，并从这些经历中去除你自己的教育伤害。

- 每个学年都准备一个笔记本或文件夹，每次会议都带着。
- 在会议开始前，把你关心的事情写下来，保持信息清楚。
- 准备并带一份书面的问题清单。
- 保持你的观点简明扼要，仔细倾听别人说的话。
- 提前安排后续会议或沟通，以跟踪进展并解决相关问题。
- 了解孩子的学习优势和挑战。
- 真诚倾听别人对于孩子的反馈。他们的反馈也许是消极的，或者与孩子告诉你的截然相反，你不要带有防御性。私下和孩子善意地核查这些差异。
- 向孩子保证你理解他，你会支持他，你们会一起渡过难关，但诚实很重要。
- 除非有安全方面的顾虑，否则不要一开始就把问题从教育工作者一跃跳到管理人员那里。
- 天赋异禀的学习者通常会遭到误解，你要为此做好准备。尽你所能去告诉那些教育者。尽量不要用材料压倒他们。
- 在会议间隙，不要给孩子的老师发冗长或言辞激烈的电子邮件。相反，写一封简短的电子邮件，向老师征询时间，讨论你所注意到的事情。

- 让你的孩子尽可能早地成为倡导者中的一员，这样他就能理解如何进行这些艰难但成熟的对话。一旦他上了高中、大学，你几乎就没有发言权了，因此要帮孩子做好准备，迎接这种转变。

课堂差异化

在教室或学校环境中为天才和双重、多重特殊资优学习者提供差异化，这对满足他们的个人学习需求是有益的。但说起来容易做起来难。这对于一些学校项目团队和教育工作者来说，这种能力可以自然而容易地获得，但对于那些不太受所在地区支持的教育工作者或者那些在发展实践方面没有接受过有意义的培训或资源的教育工作者来说，就是一种挑战。正如作家兼天赋倡导者芭芭拉·杰克逊·吉尔曼所指出的：

即使是努力满足所有需求的优秀教师也会发现，成功的个性化教学相当困难，尤其是在学生能力从轻度落后到极具天赋都有的大班里。

下面列出了学校或教育工作者可以尝试帮助天才学习者的几种方法。请记住，差异化只有在发挥作用且不会引起其他问题时才有帮助。为了孩子的健康，你要留意哪些方法有效，哪些无效。如果直觉告诉你，有些事情对你的孩子没有作用，当你认为需要审视或改变做法时，要坚决拥护并大声讲出来。保持坚定而又尊重他人很重要。

提速，是将孩子的学习内容提升到他能力所能达到的更高一级水平。这种情况可能发生在一个科目内，也可能是完全跳一个年级。当你在考虑提速时，我认为将一个较小的异步儿童转移到一个年龄较大的孩子的教室时，社交和情感方面是很重要的。有时这样做效果很好，有时则不然。你需要警惕孩子的社交、情感动态及相关问题。

能力分组，是指将能力、兴趣方面或两者都接近的孩子放在一起进行学习和群体活动。这可能意味着对不同年级的天才和神经典型的孩子进行分组，把他们从教室里拉出来，让他们在学校的一天或一周内一起学习，或者加入另一个正在进行的课堂课程。

大学先修课程（简称 AP 课程），在高中为学生提供不同学科领域里更高级的物料和方法。在一定条件下，学生可以将获得的部分学分带进大学。这有时会适得其反，一个有天赋的学生获得太多学分，会错过大学一年级的一些课程，减少与其他一年级学生接触的机会，并影响到他的社交情感体验。

外加作业，这并不是一种先进的策略，有点儿像过度工作。一个常见的例子是，对于已经完成学业、需要做点儿事情填补时间的天才学习者来说，教育工作者又拿出学生已经掌握的练习题或数学题给孩子，以毫无意义的方式增加功课量。我建议你在最初几年密切关注这个问题，并迅速解决掉。

老师的小助手，对于有天赋的孩子来说，为了让他们忙起来，老师常要求他们去帮其他学生补习功课，有时是帮助学习很困难的同学。对于有天赋的学习者来说，这是一种危险的策略，因为这不仅让他们远离自己的学习，还让他们在社交和情感上面临风险。

维护自己的权利

当你努力为孩子争取权益时，帮助天才孩子学会一步步为自己争取权益也很重要。如果孩子在小时候没有进行自我主张的练习，可能他长大后就不愿进行自我主张。这对每个人来说都有问题，因为作为家长，你将很少有机会作为高中生的拥护者为孩子发声。从小事做起——倾听孩子的悲伤，帮助孩子找到一个起点，也许是要求老师私下与孩子一起复习一个数学概念；也许是孩子已经读了这门课正在读的书，想读点别的；也许孩子对某个项目有不同的想法。帮孩子准备和练习他想对老师说的话吧。

在榜样的故事中寻找动力

为了帮助有天赋和双重特殊资优的儿童和青少年，我们在评估、学习和健康方面有很多事情要做。在爱孩子的背景下，获得你所需要的评估性和程序性信息，然后找到并使用你自己真实的拥护声音，这可能会让人感到不知所措。我发现，去了解一些杰出人士鼓舞人心的作品，去听听、看看由这些人讲述或写出的他们曾经历的艰难的教育困境、生活路径，以及其他人的生活路径，可以帮助家长度过教育和生活中的困苦，走向成功。这些故事可能会让你更有力量，能更好地设置你所拥护的方针。

Postscript

后 记

我很荣幸能和你们一起踏上这段培养天才的旅程。如果我们在科罗拉多州博尔德的办公室见面，你可能就会知道我每次是如何结束与儿童、青少年及其家人的咨询会议的：

建立一个感激圈。每个人都分享一件在这个房间内他所喜欢或欣赏的人或事情。我往往长篇大论地感激，用有点儿治愈的腔调。有时，当感谢一个有天赋的年轻人勇敢地工作，真正创造自己想要的生活时，我甚至会掉眼泪。

此刻，我们不在我的办公室，我需要在这里向你表达我的谢意。

我很感激……

你为了更好地理解你的天才孩子而付出的努力。

在阅读和考虑我写给你的一些具有挑战性的指示，特别是在做所有自我反思时，你所保持的开放性态度。

做出改变并不容易，你在这里的探索是勇敢的，当然也是充满关爱的一步。

你愿意去尝试、去发现，或许这可以抵消那些有天赋的孩子、青少年、成人和家庭所面临的不必要的挑战。

而且，我很感激……

你履行着作为父母的责任，支持一个有天赋的孩子在这个世界上找到自己的路。

我在开篇就说过，在阅读这本书时要忠于自己。我是认真的，拿走对你有用的，剩下的留下。在养育子女的过程中，当你迈出这些卓越的步子时，请相信自己。

我要感谢……

感谢凯西·海伯格帮我找到了我的工作之路，找到了这条路上的真实所在。

感谢梅格·哈里森向我展示如何看待这部作品，并将其光芒融入其中。

我的东布罗夫斯基研究小组成员——尤其是克里斯·威

尔斯、迈克尔·佩特罗夫斯基和凯西·琼斯——感谢他们对我的手稿提出的建议，并帮我明确相关参考书和观点。

琳达·西尔弗曼、博比·吉尔曼、南希·米勒、弗兰克·福尔克以及丹佛天才发展中心杰出的专业人员团队，感谢他们在支持天才儿童和家庭方面所做的开创性工作，并帮助我在这个领域找到自己的方法。

感谢我的幼儿园老师麦克达德夫人和马龙夫人，感谢她们每天的创造力、善良与正直，让我能够更好地与孩子们一起工作。

感谢我高中的教导主任简·彼得森夫人，她对我的人生产生了巨大的影响。

我亲爱的家人，感谢你们一直在身边给予我爱与善良，为我的学习提供帮助。